江苏大学专著出版基金资助出版

江苏大学出版社精品工程

劳动者主体地位法理研究

刘强　著

江苏大学出版社
JIANGSU UNIVERSITY PRESS
镇　江

图书在版编目(CIP)数据

劳动者主体地位法理研究 / 刘强著. -- 镇江 : 江苏大学出版社, 2023.12
ISBN 978-7-5684-2082-2

Ⅰ. ①劳… Ⅱ. ①刘… Ⅲ. ①劳动法 — 研究 — 中国 Ⅳ. ①D922.504

中国国家版本馆 CIP 数据核字(2023)第 251869 号

劳动者主体地位法理研究
Laodongzhe Zhuti Diwei Fali Yanjiu

著　　者/刘　强
责任编辑/梁宏宇
出版发行/江苏大学出版社
地　　址/江苏省镇江市京口区学府路 301 号(邮编：212013)
电　　话/0511-84446464(传真)
网　　址/http://press. ujs. edu. cn
排　　版/镇江文苑制版印刷有限责任公司
印　　刷/镇江文苑制版印刷有限责任公司
开　　本/710 mm×1 000 mm　1/16
印　　张/13. 75
字　　数/200 千字
版　　次/2023 年 12 月第 1 版
印　　次/2023 年 12 月第 1 次印刷
书　　号/ISBN 978-7-5684-2082-2
定　　价/75. 00 元

如有印装质量问题请与本社营销部联系(电话：0511-84440882)

目　录

导 论

一、选题意义

关注劳动者既有现实意义，又有理论意义，而关注的角度决定了研究结论的层次。本书以“劳动者主体地位法理研究”为题，旨在从多个维度探讨劳动者主体地位的充分条件，以深化劳动法律理论，完善劳动法律制度。

（一）现实意义

劳动者面临的问题是多方面的，通过仲裁诉讼途径表现出的问题仅是全部问题的某些方面，仅能呈现部分问题。在此之外，社会中的各类事件也是折射劳动问题的重要渠道。要想帮助劳动者摆脱困境，就应具备广阔的视角、立体化的思维。本研究所要解决的问题既不是某个劳动法条的适用、理解的问题，也不是狭义的劳动法律修改、完善的问题，而是从主体地位的视角出发，反思法律应如何对待人类的劳动活动、如何解决劳动者所面临的问题。本研究的现实意义在于不是就事论事地单次性解决某个具体问题，不是针对一类问题建立某种个别的制度，而是积极探究维护劳动者尊严、权利的体系化机制。这不仅可以为解决劳动者面临的具体问题提供充分的理论基础，提高相关裁决的正当性；还可以预防性地化解不合理的法律体制导致的纠纷。本研究的宗旨是通过制度的完善来实现劳动者的主体地位，而不仅仅局限于解决劳动者面临的显在性问题。本研究不仅从主体地位保障的必要性层面上对阻碍劳动者主体地位的实际法律问题进行了探讨并提出了解决建议，还从主体地位维护的充分性层面上对保障劳动者主体地位的机制展开了深入分析、提出了相对宏观的构想。综上，本研究虽然带有抽象的形式，但仍指向可现实化的劳动者保护，以关怀劳动者的际遇为出发点和落脚点。

（二）理论意义

法律学者总是从理论的角度对与劳动相关的司法审判案例及社会新闻报道进行评价。其所依据的理论，有的源于对现行劳动立法的法教义学解读，有的源于相关国际劳动公约原则性规定的论述，有的源于法理学中的法律与价值、法律与经济等学说的阐释。这些不同的理论为解决具体劳动问题提供了依据，但也存在一些问题，其中的共性问题即以某种本体论意识为依据。虽然在具体适用过程中，这些理论会有所变通，但其本体论思路大多不变。这一思路的弊端有可能导致理论的专断，其表现方式就是以某种虚渺的名义，要么忽视了劳动者利益，要么忽视了用人单位的利益。虽然本研究涉及劳动者的主体地位，但并不是本体论意义上对过往理由的重新阐述，否则无异于重新建立一个专断的模型。本研究并非以一种终极性的结果为依据，而以一种实践性的过程为进路展开分析，相对来说，更侧重从存在论角度切入。本研究立足于劳动者的主体地位，从必要性及充分性两个方面展开反思，进而达至批判性重构。相对而言，这一重构具有两个特点：一是强调结构性，即从劳动与人的关系角度深层次地审视劳动立法；二是强调实践性，将动态的过程和静态的结果结合起来。

二、文献综述

自20世纪90年代《中华人民共和国劳动法》（以下简称《劳动法》）出台后，法学界对相关问题的研究逐渐增多，2008年《中华人民共和国劳动合同法》（以下简称《劳动合同法》）的出台更是使相关研究出现一个高潮。近几年，类似论题又逐渐引发讨论。总体上说，法学界对劳动者的研究主要有三大模式。

第一种模式是经济—法律模式。这一模式的要点就是将劳动者视为劳动力，并从维护经济稳定运行的角度来讨论劳动问题。这一思路背后隐含着市场经济的涓滴理论（Trickle-Down Theory），主张国家对市场采取最小限度的干预，让市场保持竞争的活力，最终惠及包括劳动者在内的所有人。经济—法律模式强调劳动力市场和商品市场一样，应当遵循自由竞争的原则。劳动者的工资待遇是劳动力市场竞争的自然结果，因而也是公正的。劳动者被化约为劳动力，进入劳动力市场，劳动法除了做最基本的干预外，要尽量维护市场的自由性。这种模式基于经济学视角，在法律的框架内探讨劳动者的问题，认为市场经济中“看不见的手”会最终给劳动者带来利益。《〈劳动合同法〉中劳资利益平衡的再思考——以解雇保护和强制缔约规定为切入点》一文从劳动力市场的灵活性入手看待劳动合同的订立与解除对劳动者保护的问题。《劳动合同的自治与规制——以“违反强制性规定的劳动合同”为中心》一文从劳动力市场弹性与安全角度限缩对强制性的解释。《〈劳动合同法〉修改之争及修法建议》一文从市场灵活性的角度调放松《劳动合同法》对劳动合同的形式与期限的约束。《论劳动合同在劳动关系协调中的地位》一文强调劳动合同应适应市场经济条件下市场调配资源的属性。《劳务派遣用工管制与放松之平衡》一文从市场规律、市场弹性的角度认为现行相关立法对劳务派遣管制过度、矫枉过正。

《从单一走向多元：〈劳动合同法〉主体模型的解析与重构》一文从市场经济形态多样化的角度建议对劳动者与用人单位进行类型化区分，主张《劳动合同法》建立多元化主体模型，实施分类规制。《应对灵活用工的劳动法制度重构》一文关注生产组织方式和用工方式的变革带来的灵活用工现象，认为传统的劳动法体系应该进行制度重构，分类规制各类灵活用工形式，合理配置劳动法中的强制性规范和自治性规范。《劳动法分类调整模式的宪法依据》一文强调构建分类调整模式，改造“一刀切”式平等保护之弊端，以有效回应不断发展变化的劳动用工现实。《劳动法的原理、体系与问题》一书重点探讨了劳动法的新发展，思考在经济全球化的背景下如何界定劳动法的管制程度。《劳动合同制度中的管制与自治》一书根据经济发展形态提出了劳动者分层保护说，而且强调劳动立法活动不应当掺杂劳资斗争因素，而应“客观”地分析现实。另外，日本学者荒木尚志的《雇佣体系与劳动条件变更法理》从外部劳动市场的灵活性等角度研究了美国、德国、日本的雇佣体系，综合考虑劳动法问题。

第二种模式是权利论模式。这一模式的主要特点是从实证法或人权的角度，强调在劳动关系中应维护劳动者的权利。这类研究主要以联合国两个人权公约、国际劳工组织确立的基本公约，以及宪法、劳动法确立的劳动者基本权利为切入点，探讨现行立法的不足或者司法裁判存在的问题。总体上看，这种模式基于劳动关系中劳动者处于弱势地位的客观事实，强调保护劳动者的合法权益。从国内法的具体规定到国际法的原则性规定，再到带有浓厚价值色彩的人权学说，劳动者保护的合法性来源广泛。权利论模式跳出了经济运行的思维定式，偏重个体权利，尤其强调不能盲目地为了整体牺牲个人，为了长远牺牲当下。为权利而斗争是这一模式的内在逻辑。劳动者不能被化约为经济运行的零件，劳动者作为人应具有不可被通约的特性。《论过度劳动的法律治理》一文从维护劳动者权利出发，提出了防止过度劳动的对策。《工作时间认定标准探析》一文从维护劳动者权利的角度探讨了特殊工作形态下的工时认定问题。《我国加班工资计算基数的地方裁审规则——以北京、上海、广东、深圳为样本》一文探讨了加班费计算基数等问题，呼吁司法对不合理基数进行干预。《论用人单位内工作调动》一文针对用人单位调岗的自主权给出了一些限制原则，防止惩罚性调岗。《用人单位惩戒权的法理基础与法律规制》一文强调对用人单位惩戒权的限制及司法审查。《论雇主劳动合同条款变更权之控制》一文立足对雇主变更劳动条款的司法裁判不统一的现状，强调建立统一的规则，加强对雇主劳动合同条款司法变更权的控制。《劳动规章诉讼模式之反思与重构》一文指出现行劳动规章间接诉讼之弊端，强调劳动者可以对企业的规章制度直接提起诉讼。《劳动争议中利益争议的范畴及处理》一文明确了劳资双方的利益争议范畴，并提出了完善利益争议的解决机制。《论就业歧视的狭义界定——我国就业歧视法律规制的起点》一文以就业歧视的狭义界定为基础，呼吁完善相关规制措施。《劳动法的改革与完善》一书从比较法的视角，在劳务派遣、最低工资制度、反就业歧视立法、工伤保险制度、企业民主管理、劳动监察制度等方面提出了完善建议，系统地探究了劳动者合法权益的改善空间。国外学者凯瑟琳·麦克切尔等编写的《信息社会的知识劳工》、杰弗里·英格兰（Geoffrey England）撰写的《非全日制、灵活及其他非典型工作者：一个法律的视角》（*Part-time, Casual and Other Atypical Workers: A Legal View*）、朗尼·戈尔登（Lonnie Golden）和黛博拉·M. 菲加特（Deborah M. Figart）编写的《工时：国际趋势、理论及政策视角》（*Working Time: International Trends, Theory and Policy Perspectives*）、鲍勃·赫普尔（Bob Hepple）编写的《国际和比较视野下的社会和劳动权利》（*Social and Labour Rights in a Global Context: International and Comparative Perspectives*)等都探讨了在劳动形态发生很大变化的情况下如何保护劳动者权利的问题。

第三种模式是政治—法律模式。这一模式的主要特点是立足于我国社会主义国家的性质来分析、定位劳动者，其理论支撑是劳动价值论。劳动价值论强调只有生产性劳动才能创造价值，非生产性劳动并不创造价值。但在我国现阶段历史条件下，劳动价值论发生了一些变化。其中最重大的变化就是生产性劳动的范围扩大，将马克思原来所讲的经营劳动、管理劳动等非生产性劳动也纳入进来。这种变化透露出的信号就是国家驱动经济以达至人人生活幸福的政治模式。劳动者应当以主人翁的精神在平凡的工作岗位中实现不平凡的价值。《〈劳动合同法〉的价值重塑与制度创新》一文从构建企业与员工的利益共同体、事业共同体、命运共同体和使命共同体的角度来探索和谐的劳动关系。《雇佣、劳动立法的历史考量与现实分析》一文强调劳动立法的社会法属性，主张自治与管制相结合，注重历史逻辑。《论我国宪法劳动权的理论建构》一文强调劳动权的宪法属性、内涵及保障。《对中国劳动关系转型的另一种解读——与常凯教授商榷》一文指出政府对私企的软性调控措施是一次全国性转型。《论我国工匠精神培育的劳动法保障》指出我国现行的劳动法律制度与培育工匠精神的要求尚有不相契合之处，应在就业稳定、职业教育培训、集体劳动权保护和社会保障等涉及工匠切身利益的具体制度方面做深刻的反思。《劳动法“倾斜保护原则”新解：基于马克思正义观的立场》一书走出对劳动法“倾斜保护原则”正义价值的认识误区，最终落脚到思考当代中国劳动法“倾斜保护原则”正义价值的问题困境、成因及解决之道，在实践上引发更多对劳动者保护问题的深切关注，进而促进当代中国在劳动关系领域对于社会正义强烈诉求的实现与超越。《劳动价值与分配新论——社会主义社会劳动和劳动价值理论及其应用研究》《劳动伦理研究——和谐劳动关系与和谐社会构建》两书从政治角度谈论和谐劳动关系的构建。国外学者关于这方面的研究与国内出发点相同，但角度不同，即主要从批判性而非建构性的角度探讨问题，研究政治对劳动者的构序性的压迫。例如，迈克尔·布若威的《制造同意——垄断资本主义劳动过程的变迁》、保罗·威利斯的《学做工：工人阶级子弟为何继承父业》及诺埃尔·卡斯特利等的《工作空间：全球资本主义与劳动力地理学》强调资本主义政治对劳动者的结构性压迫。

以上研究模式虽致力于从不同的角度维护劳动者的利益，但也存在各自的问题。

经济—法律模式将劳动者化约为经济运行中的劳动力，而这种简化本身并不具有正当性。劳动只是伴随着生活出现的一种人类活动。波兰尼认为，将劳动与生活的其他活动分离，使之受市场规律支配，意味着毁灭生存的一切有机形式。从本质上看，劳动力商品化，结果便是社会劳动变成异化劳动。这违反国际劳工大会通过的《费城宣言》，该宣言的原则之一就是劳动不是商品。这种模式所依据的涓滴理论其实也存在问题。社会学家吉登斯在调查欧美奉行新自由主义经济政策的国家后得出结论，认为并没有什么证据支持涓滴理论。诸如此类的经济政策不一定能够加速经济的发展，反倒可能扩大贫富之间的差异，增加陷入贫困的人数。无论是基于收入的贫困测定，还是基于必需品剥夺的贫困测定，从 20 世纪 70 年代晚期开始都大大加剧了。另外，社会学者弗洛里安·布托洛（Florian Butollo）在研究粤南高新产业后发现，高新技术在工业转型升级中几乎没有自动地给工人生活带来实质性的改善。工人的工资、工作条件的改善相对来说仍然基于法律法规的出台。所以，这种研究模式难以实现保护劳动者的目标。

权利论模式强调保护劳动者各项权利，这在表面上确实有利于劳动者，但其问题在于忽视了深层次的结构性问题。从逻辑上讲，这种模式仍然是从分配的角度来看待劳动者权利问题的。这种思维范式存在两个问题：一是倾向于将对社会正义的思考集中在有形之物（如物品、资源、收入和财富）或社会地位（尤其是工作岗位）的分配上，有可能忽略社会结构和制度语境，而后两者常常决定了分配的模式；二是当分配的概念拓展到非物质性的社会物品上时，容易将后者视为静态的事物，而非社会关系和过程的运作。也就是说，这种模式忽略了分配得以发生的制度性语境，虽然常常预设某种制度性结构，却未能对这种制度结构是否正义予以评价。劳动者保护问题由此局限于特定背景下的有意识的利益维护问题，缺乏深层次的反思。劳动的分工，既可以从分配的角度理解，也可以从非分配的角度理解。作为一个分配问题，劳动分工事关如何在个体或群体间对已有的职业、岗位或任务进行配置。作为一个非分配问题，劳动分工关心的是职业本身的定义。权利论模式对非分配的劳动问题缺乏深入的探讨，而这方面问题的解决对劳动法律制度建设非常有意义。

政治—法律模式虽然站在政治的高度看待劳动者，突出了劳动者的政治地位，但过于宏观，在遇到具体问题的时候很难提出切实可行的对策，以至于实际上仍旧依循经济—法律模式或权利论模式解决问题。这种模式无限扩大劳动者的范围，会使劳动者保护因过于泛化而失去意义。这种模式在谈论劳动者保护时往往带有社群主义的意味。从社群主义角度理解劳资关系虽然有一定意义，但缺点也是显而易见的，就是可能造成对权利的漠视，缺乏维护权利的底线感，仿佛可以为了某个目标牺牲劳动者的权利。这种模式缺乏解决实际问题的逻辑构造，甚至可能滑向一种审美式的世界观，忽视人们在实践中所面临的问题。这就难免导致最终目标变得乌托邦化，良好的政治愿景缺乏可行的实现路径。

以上三种模式的缺陷在相当程度上阻碍了劳动者利益的实现，以至于形成了一种二律背反的局面。劳动创造价值，劳动者对社会的进步贡献巨大。本研究的目标就是从主体地位的角度探讨劳动者保护。首先，本研究有助于克服经济—法律研究模式中劳动者被物化的现象。主体地位本身就带有反对异化、物化的内涵，主体地位实现的一个必要条件就是物化的祛除。其次，本研究有助于克服权利论模式中研究视域窄化的问题。主体地位不局限于劳动者人身及财产权利这些浅表化的权利问题，更加注重整个劳动法律制度的结构性问题。最后，本研究有助于克服政治—法律模式中劳动者被虚化的现象。主体地位不是一个政治化的空想式的词语，它有着特定的谱系学基础，有着丰富而深刻的哲学内涵。

三、研究方法

（一）文献分析法

本研究通过深入研读与劳动、劳动者、劳动法及主体地位相关的经典文献，对劳动者主体地位所涉及的问题展开详尽的梳理。

（二）价值分析法

在学术史梳理基础上，本研究从价值分析角度，对劳动者主体地位面临的问题展开深入研究，充分发挥社会主义核心价值观在特定问题中的价值评判作用。

（三）实证分析法

本研究对劳动法律制度展开实证分析。这种实证分析不拘泥于个别法律制度，而是从总体上把握涉及劳动的法律制度。

（四）跨学科分析法

除了从法学的角度加以研究外，本研究还从哲学、社会学等学科领域展开分析，多视域地研究劳动者主体地位及其实现问题。

四、研究框架

本书旨在从一种深广化的视角研究当代中国的劳动问题，分析主体地位虚置背后深层次的原因，并从主体地位的充分条件出发，从整体上探寻更为合理、公平、人性化的劳动法律制度。

本书包含导论、正文（共六章）、结语三个主要部分。导论包括本研究的选题意义（现实意义和理论意义）、文献综述、研究方法和研究框架，旨在从宏观层面介绍本研究的基本情况，并逐步引出正文。

第一章为劳动与人的关系类型。劳动者主体地位问题的探讨离不开人们的劳动观念。该章对劳动与人的关系展开了学术史梳理，梳理出工具性关系和本质性关系。这为本书的进一步研究奠定了基础。

第二章为劳动者主体地位的理论阐释。劳动者主体地位的实现并不能局限于反对虚置这一必要性层面，还应当展开对充分性的探讨。首先，该章梳理了劳动者这一称谓的历史变化，并指出当下劳动者的具体范围；其次，该章深入分析了主体地位的充分条件，并提出主体地位的深刻哲学内涵；最后，该章阐释了劳动者主体地位的应然内涵，为制度构建提供了理论依据。

第三章为劳动者主体地位的表现。该章以时间为轴线，描述了劳动者主体地位的表现，同时指出主体地位的实现表现为革命的胜利、需求的满足、对劳动过程的自主。

第四章为劳动者主体地位出现虚置现象的原因。该章主要分析了劳动者与劳动力相分离、劳动权与就业权相混淆、劳动法的社会法属性虚化等问题。这些问题割裂了劳动与人的内在关系，进而导致了劳动者主体地位的虚置。

第五章为劳动者主体地位的补强路径。劳动者主体地位理论的实现离不开法律制度的保障。该章在遵循劳动者主体地位理论的基础上，结合实际情况，提出了构建劳动者主体地位保护制度的三条路径，分别是以目的性作为劳动权的权利属性、以实践性作为劳动立法的根基、以劳事关系统领劳动法律制度。

第六章为劳动者主体地位的实践意义。劳动者主体地位对于劳动法的实践具有根本性的指导意义。该章结合典型案例，从对劳动者基本权利义务的理解、用人单位自主管理权的范围方面展开指导，以全面保护劳动者的权利，做到理论与实践深度融合。

结语总括全书，指出劳动者主体地位的实现并不能一蹴而就，但需要勾画出奋进的蓝图，提炼出制度化的框架。

第一章　劳动与人的关系类型

> 如果说劳动被普遍地看成一件坏事，那是因为在大多数政权的统治下，人们只有靠一种过度的劳动才能取得生活必需品；那是因为由于这个缘故劳动的观念总是使人想起痛苦的观念。①
>
> ——爱尔维修

研究劳动者主体地位离不开对该问题涉及的基础性关系的分析。只有先弄清楚劳动与人的关系，才可以进一步反思劳动者主体地位内涵为何、是否虚置、如何改进。劳动是一种社会历史现象，在漫长的历史发展中，劳动与人的关系也存在着不同的类型。

第一节　工具性关系

劳动与人的关系首先被认为是一种外在的工具性关系。这种工具性体现在两个方面：一是作为物品的、动态的属性；二是作为商品的、增值的属性。无论哪一种形式，都将劳动与人相隔离、相异化，影响劳动与人的有机统一。劳动只是被视为海德格尔存在主义

① 北京大学哲学系外国哲学史教研室编译：《十八世纪法国哲学》，商务印书馆，1963，第528页。

中“此在”对于处在“上手状态”的世界进行改变的手段。然而，这种关系并非“前定和谐”地始终存在。正如马克思所描述的那样，自由民和奴隶、贵族和平民、领主和农奴、行会师傅和帮工，这些处于对立地位的阶级进行着不间断的、时而隐蔽时而公开的斗争。① 斗争的背后隐含着劳动这一特殊的人类活动所特有的内涵。

一、作为使用的物品

将劳动视为外在于人的工具性关系的一个表现，就是将劳动视为带有物理性质的力。只不过跟牛马的行为相比，劳动更加灵活。这种观念下的劳动必将是难以忍受的。“所有欧洲语言中的‘劳动’一词都含有痛苦和费力的含义，而且还被用于表达分娩之痛。Labor 与 Labare 有相同的词源（后者的含义是在重压下踉踉跄跄）；Ponos 与 Arbeit 有相同的词根——‘贫穷’。”② 但是，这只能说大致描述了后期古代社会对于劳动的看法。需要注意的是，在古代社会，并不存在现代意义上抽象出来的“劳动”这个词语或者观念。人们对劳动的理解也并非抽象的，而总是附着于某一具体种类的劳作。从发生学意义上讲，这亦是从具体到抽象、从个别到一般的认知过程的体现。在古希腊早期，虽然劳动被看作一种工具性关系，但人们对待劳动的态度并非向来就是贬低的。

荷马时期的希腊是比较尊敬劳动的，但这种尊敬奠定在将劳动看作人类生活的工具性手段上。荷马史诗中，雅典娜、阿波罗都曾从事劳动，前者编织，后者放羊。在荷马时代，一个人常同时从事多种职业，他可能既是泥瓦匠、木匠、铁匠也是农民。“那是一个

① 《马克思恩格斯文集》第二卷，人民出版社，2009，第 31 页。

② 汉娜·阿伦特：《人的条件》，竺乾威等译，上海人民出版社，1999，第 69 页。

家庭经济的时代……每个人都习惯于劳动。没有任何一种劳动会降低男人或女人的尊严。”① 荷马时代的手艺人认为自己是从神那里直接获得劳作灵感的，不同的神明被视为不同行业的鼻祖。潘神、阿波罗、德墨忒尔和狄俄尼索斯被认为是农业和牧业的守护神；帕拉斯和赫淮斯托斯被认为是手工艺者的守护神；赫尔墨斯被认为是水手和商人的保护神。

荷马史诗《奥德赛》虽然具有文学性质，但仍可以反映古希腊早期的风土人情。其第十八卷描述了奥德赛和欧鲁马科斯通过劳动竞赛来求婚的情形。他们通过比赛割草、赶牛犁地看谁更吃苦耐劳。② 在农耕社会，人们虽然不想受累劳动，但并不贬低劳动，因为体面的生存是第一要务。当然，最为主要的现实因素有两点。一是奴隶较少，劳动生产率很低，剩余产品还不足以通过养活奴隶来摆脱体力劳动。③ 为了维持生计，古希腊人不得不劳动。正如赫西俄德在《劳作与时日》④ 里写的那样，人类的社会生活首先“要摆脱债务避免饥荒”（第404行）；将生活的主动权掌握在自身手里，“不论时运何如，劳作比较好”（第314行）；“劳作吧，让饥荒厌弃你，让令人敬畏的美冠的德墨特尔喜欢你，在你的谷仓里装满粮食。饥饿自来是懒汉的伙伴。神和人都愤忿不干活的人”（第299~303行）。二是一个人或一个家族可以通过劳动享有名望和地位。那时的逻辑是劳动产生财富，财富奠定成功，成功带来名望。“谁都渴望劳作，眼瞅着富人在加紧耕耘和栽种，整治家产。邻人妒羡邻人，争相致富。”（第21~23行）“劳作给人类畜群和粮食，勤劳的人备受永生眷爱……劳作不可耻，不劳作才可耻。”（第308~311

① Arthur T. Geoghegan, *The Attitude Towards Labor in Early Christianity and Ancient Culture* (Washington, D. C.: The Catholic University of America Press, 1945), p. 3.

② 荷马：《奥德赛》，陈中梅译注，译林出版社，2003，第593~594页。

③ 赵履宽、黄定康主编：《劳动科学大辞典》，四川科学技术出版社，1991，第692页。

④ 本书所引译本为吴雅凌翻译的版本，详见《劳作与时日笺释》（华夏出版社2015年版）。

行）“你若是满心满怀地想望财富，就这么做：劳作，劳作再劳作！”（第 381～382 行）“有福而喜乐的人啊，必通晓这一切，劳作，不冒犯永生者，懂得辨识鸟谕，且避免犯错！”（第 826～828 行）在这样的社会，社会的稳定依赖于维持生计的基本农产品的产出。就像色诺芬评论的那样，“最富足的人也不能离开农业。因为从事农业在某种意义上是一种享乐，也是一个自由民所能做的增加财产和锻炼身体的手段”①。在这样的现实面前，人们所反对的或者鄙视的并不是劳动，而是游手好闲、无所事事。我们可以从当时的立法略窥一二。“普罗塔赫告诉我们，德拉古曾制定法律，对无所事事的人判处死刑，即使温和的梭伦也同样立法惩罚无所事事的人。”②

古罗马初期，人们对待劳动的态度也大体如此。意大利土地肥沃，农业发达。在加图时期，农业受到推崇。从大地里能走出最勇敢的人和最有能量的士兵。他们潜心耕种、脚踏实地，不会耽于幻想。③ 西塞罗承认劳动的普遍意义，认为劳动是人类生存的基础，并强调劳动有高低贵贱之分。在他看来，罗马人是高贵的，最适宜从事的劳动是农业劳动。西塞罗指出：“在一切可以获得一定收入的事业中，没有什么比农业更美好、更有利，没有什么比农业更甜美，没有什么比农业更适合于人，没有什么比农业对自由人更合适。”④ 西塞罗在《论老年》中解释道，土地永远不会违抗主人的意志，永远不会只还成本、不付利息，只是有时利率低些。而且种

---

① 色诺芬：《经济论　雅典的收入》，张伯健、陆大年译，商务印书馆，1961，第 16 页。

② Arthur T. Geoghegan, *The Attitude Towards Labor in Early Christianity and Ancient Culture* (Washington, D. C.: The Catholic University of America Press, 1945), p. 8.

③ Arthur T. Geoghegan, *The Attitude Towards Labor in Early Christianity and Ancient Culture* (Washington, D. C.: The Catholic University of America Press, 1945), p. 33.

④ 西塞罗：《论义务》，王焕生译，中国政法大学出版社，1999，第 145 页。

子发芽、成长、收获的过程会给人带来启发和乐趣。① 哲学家卢克莱修从朴素唯物主义的角度出发，认为劳动是自然迫令人们去从事的，是自然加在人们身上的一种负担。但是，卢克莱修并不轻视劳动。②

综上，可以看出，在古代社会，劳动可以生产人类生活所必需的物质。作为一种工具性的力量，劳动对人类生存大有裨益。在奴隶相对较少的情况下，如果人们不希望挨饿，就必须躬亲实践，结合时日地利用好劳动。也正是这种对个人生活的不可避免性，为工具性劳动披上了令人尊敬的外衣。

需要注意的是，这种对工具性劳动的重视主要局限于农业领域。人们对能够维持自身生存的农业劳动起初并不表示排斥。随着社会的发展，阶级分化逐渐严重，对劳动的鄙视慢慢产生。这始于对手工业劳动的鄙视，后来发展为对所有体力劳动的鄙视。对劳动与人的这种物化的工具性关系的知识，从略带褒扬逐渐转变为贬低。这一转变不是孤立发生的，而是伴随着社会的经济、政治、文化（主要是哲学）的总体性变化，并且影响深远。可以从三个方面分析这种转换。

第一个方面是奴隶的增加。恩格斯指出，在阶级社会中，生产的进步同时也是被压迫阶级生活状况的退步。“对一些人是好事的，对另一些人必然是坏事，一个阶级的任何新的解放，必然是对另一个阶级的新的压迫。”③ 之前，由于生产剩余较少，俘获的奴隶大都被杀掉。随着生产力的不断发展，剩余物品逐渐增多，这意味着统治阶级可以养活更多的奴隶，再通过管理、使用奴隶生产更多的剩余物品。这样，在生产力的发展过程中，古希腊的奴隶不断增

---

① 西塞罗：《西塞罗文集（政治学卷）》，王焕生译，中央编译出版社，2010，第 265 页。
② 卢克莱修：《物性论》，方书春译，生活·读书·新知三联书店，1958，第 344~345 页。
③ 恩格斯：《家庭、私有制和国家的起源》，人民出版社，1972，第 175 页。

多。各种繁杂、累人的劳动开始由奴隶负责。色诺芬就记载了用奴隶挖矿的事。① 自由民渐渐地从包括农业劳动在内的活动中脱离出来。色诺芬甚至建议由国家购买奴隶，并构建公共奴隶制度。为了使自由民过上富足、惬意的生活，公共奴隶的“数目应该三倍于雅典公民”②，因为“雅典人和外国人，他们不能也不愿意从事体力的劳动，而愿意愉快地以精神劳动来管理企业，谋求生计”③。随着奴隶群体的扩增，对于体力劳动的蔑视开始蔓延。在人们的思想习惯中，劳动是跟懦弱或服从连接在一起的。加图在《农业志》中建议奴隶主将奴隶生活必需品的供应量减到最低，让奴隶不断工作，因为高强度的劳动会使奴隶无暇偷窃和犯罪。④ 在这种情况下，奴隶的处境可想而知。劳动成为屈居下级的标志，是有地位、有身份的人所不屑为的。贵族看不起劳动，就把它交给奴隶去做，对体力劳动的偏见于是逐渐产生。亚里士多德认为“那些能够用身体去劳作的人是被统治者，而且是天生的奴隶”，奴隶则是“有生命的所有物”“实践方面的帮手”。⑤ 相比之下，从劳动中脱离出来的所谓“有闲阶级”正如凡勃伦描述的那样，从事非生产性的活动。“这类非生产性的上层阶级业务，大致归纳起来是以下几项——政治、战争、宗教信仰和运动比赛。”⑥ 相对充足的劳动力使统治阶级摆脱了体力劳动，这一社会结构进一步加深了劳动的性能分化。劳动本是手脑统一的过程，阶级社会则将劳动固化成了毫无生气的、繁重的活动，并由奴隶这一物化的群体承担。如此一

① 色诺芬：《经济论　雅典的收入》，张伯健、陆大年译，商务印书馆，1961，第 74 页。
② 色诺芬：《经济论　雅典的收入》，张伯健、陆大年译，商务印书馆，1961，第 73 页。
③ 色诺芬：《经济论　雅典的收入》，张伯健、陆大年译，商务印书馆，1961，第 73 页。
④ 李仲生：《西方劳动经济学说史》，中国人事出版社，2015，第 17 页。
⑤ 苗力田主编：《亚里士多德全集》第九卷，颜一、秦典华译，中国人民大学出版社，1994，第 4、9~10 页。
⑥ 凡勃伦：《有闲阶级论——关于制度的经济研究》，蔡受百译，商务印书馆，1964，第 5 页。

来，社会阶级区分的标准被再生产出来，即一个人是否不得不从事奴隶的活动。此外，由于奴隶被看作一种“物”，而且比普通的物品“丰富”，所以在使用奴隶的过程中基本不存在爱护、尊重。这就导致奴隶在劳动过程中遭遇伤残甚至死亡，这又反过来加深了人们对劳动的负面印象。人们进一步贬低劳动，把劳动视为应尽量避免的折磨人的、危险的、有损荣誉的活动。

第二个方面是政治的需求。有了完备的奴隶制，古希腊人变得更加注重精神上的追求。其中，最重要的就是政治追求。亚里士多德认为，人是天生的政治动物，城邦是自然的产物。一个人从本性上讲是不可能脱离城邦的，否则，他要么是超人，要么是鄙夫。古希腊对政治的热情以两个条件为前提：一个是健壮的身体，另一个是充分的闲暇。之所以需要健壮的身体，是因为战争并不特别遥远。为了维护国家利益，战争随时可能发生。参战不是奴隶或雇佣兵的义务，而是公民义不容辞的责任。强壮的身体需要持续的训练，古希腊少年每天有 3/4 的时间在角力和体操学校里锻炼。① 相比之下，繁杂的劳动只能损坏身体。色诺芬曾描述劳动损害肉体和精神的情况。例如，劳动“迫使工人和监工们静坐在屋子里，有时还整天呆在炉火旁边，伤害他们的身体。弄坏身体就会严重地弄坏精神”②。希腊神话中，奥林匹斯十二神之一的铁匠之神赫菲斯托斯跛脚，这一特征隐喻了体力劳动会使人残疾。“凡是对身体伤害最大的职业就是最下贱的，最需要体力的职业是最卑微的，最不需要德性的职业是最无耻的。”③

参与政治事务还需要大量的闲暇。雅典的公民成年时，必须宣读公民誓词：“我决不污辱神圣的武器，我决不在战斗中抛弃伙伴，

① 纳撒尼尔·哈里斯：《古希腊生活》，李广琴译，希望出版社，2006，第 144 页。

② 色诺芬：《经济论　雅典的收入》，张伯健、陆大年译，商务印书馆，1961，第 12 页。

③ 亚里士多德：《政治学》，姚仁权编译，北京出版社，2012，第 14 页。

我将独自或与众捍卫一切圣物和圣约，我决不削弱，反之要增强祖国的力量和光荣，我将理性地服从现存的政府和已设立的及将设立的法律，如果有人企图破坏法律或不服从法律，我决不容许，而必须独自或与众斗争此人，我当尊崇祖国的神坛。耿耿此心，天神为鉴。”① 积极参与政治事务是公民的神圣职责。梭伦根据财产将公民分为四个等级，每个等级担任不同种类的职务，具体见表1。②

表1　梭伦制定的公民等级

等级	名称	条件	可担任的职务
第一等级	五百斗级	年收入达500麦斗	执政官、司库官及其他一切官职
第二等级	骑士级	年收入达300麦斗	低任政府官职
第三等级	牛轭级	年收入达200麦斗	除司库以外的低任政府官职
第四等级	日佣级	年收入不及200麦斗	无权担任官职， 但可以充当法庭陪审员

上述规定既为公民担任官职确立了最低条件，也为热衷于政治事务的公民提供了规范化的路径。公民身份对于雅典人不仅仅是一种权利象征，更是一种自我完善的手段。公民大会是雅典重要的政治机构，所有的公民（妇女除外）都有权参加。公民大会召开频率是“每9天1次或每36天4次”③，讨论的内容非常广泛，如审议法律、决定宣战与媾和、批准与外国谈判的条约、选举公职人员和国家官员、讨论官员卸职后的述职报告、决定城市粮食供应问题、监督国家财产、确认土地和矿井的出租情况、对准备获得公民权的青年进行监督、讨论国家预算等。人们往往都很热衷于参与讨论，尤其注重演说。大会如此频繁地召开，在客观上也要求公民有充分

① В. И. 库济辛主编：《古希腊史》，甄修钰等译，内蒙古大学出版社，2013，第257页。
② 根据纳撒尼尔·哈里斯《古希腊生活》（希望出版社2006年版）第46页内容绘制。
③ В. И. 库济辛主编：《古希腊史》，甄修钰等译，内蒙古大学出版社，2013，第180页。

的闲暇时间。公民还需要利用闲暇时间练习演说，进行修辞技能的学习与训练。忙于劳动、缺乏闲暇则会影响对政治事务的参与。色诺芬写道："这些所谓的粗俗的技艺使人没有余暇去注意朋友和城市的事情，所以从事这类技艺的人被认为不善于与朋友们交往，也不能保卫他们的国家。"①

此外，古希腊还有大量的宗教庆典和节日。根据雅典历法，几乎每个月都有庆典（每月平均三四个节日）。② 其中最为重要的庆典包括：奥林匹亚竞技会（每四年一次，期限近一个月）；伊斯特摩斯竞技会（每两年一次）；皮托竞技会（每四年一次）；涅墨亚竞技会（每两年一次）；大雅典娜节（每五年一次，为期六天）；大狄俄尼索斯节（每年一次，为期六天）；百牛大祭。③ 从准备到庆祝，这些活动需要大量的闲暇时间。综上，古希腊崇尚参与公共事务，需要公民具备大量的闲暇时间。而闲暇的产生离不开社会政治结构的安排，这种社会政治结构则贬低了对劳动的认知。

第三个方面是哲学的假定。有学者指出："古代雅典人把他们从政的地方（普纳克斯山）和该城的中央市场区分开来。这种区分体现了社会思想中的一个经典假设：经济活动会削弱人们参与政治的能力。内中的逻辑很简单：在柏拉图看来，经济活动的基础是需求和贪婪，而政治活动的基础应该是公平和正义。"④ 除了上述物质方面的因素外，为了进一步巩固和维护阶级统治，关于劳动的意识形态因素也被逐渐完整地构建起来。在理想国中，柏拉图根据人们的天性，把社会分为三个等级。第一等级是国家的执行者，由富

① 色诺芬：《经济论 雅典的收入》，张伯健、陆大年译，商务印书馆，1961，第12页。
② 王晓朝：《希腊宗教概论》，上海人民出版社，1997，第139~144页。
③ В. И. 库济辛主编：《古希腊史》，甄修钰等译，内蒙古大学出版社，2013，第431~432页。
④ 理查德·桑内特：《新资本主义的文化》，李继宏译，上海译文出版社，2017，第105页。

有理性和智慧的哲学家组成，他们负责治理国家和教育人民。第二等级是国家的护卫者，他们的职责是保卫国家和对外作战。第三等级是提供生活资料的人，包括农民、手工业者和商人。第三等级不能承担治理国家的重任，只能从事体力劳动。奴隶则不属于任何等级。柏拉图说道："一个城邦之所以成为一个正义的城邦，那是由于在它之中既有着三个属类，而每一个属类只做那属于它本身的事。"① 如果仅仅是类别不同，强调各司其职的话，也说不上对劳动的蔑视。但这种等级观念背后其实有着根深蒂固的偏见。在柏拉图的理论中，宇宙、国家、个人之间存在着互相对应的关系。人的心灵有三个要素：理智、激愤与情欲。国家有三个要素：议政、保卫、生产。与此相应，国家也应有三个等级：统治者、战士和生产者。② 等级的形成融合了心灵、禀赋的差别。一方面，柏拉图用金、银、铜、铁的神话隐喻式地说明不同等级的高低贵贱。另一方面，柏拉图强调，第三等级由铜、铁掺杂而成，并无值得赞扬之处。不同等级有着不同的灵魂和德性。第一等级的灵魂是德性，第二等级的灵魂是勇敢，第三等级的灵魂是欲望——注定要受德性统治。这就意味着，劳动成为底层人民的宿命。这种宿命论会削弱被统治阶层反抗的欲望，通过意识形态的塑造转移其与统治阶层的矛盾。由此，柏拉图断言："什么时候一个城邦是由铁或是铜来统治的，那时候，这个城邦就要灭亡了。"③ 马克思则一针见血地指出："在柏拉图的理想国中，分工被说成是国家的构成原则，就这一点说，他的理想国只是埃及种姓制度在雅典的理想化。"④

相对来说，亚里士多德抛弃神话的隐喻，以更为哲学的方式表

---

① 柏拉图：《理想国》，顾寿观译，岳麓出版社，2010，第 200 页。
② 涅尔谢相茨：《古希腊政治学说》，蔡拓译，商务印书馆，1991，第 135 页。
③ 柏拉图：《理想国》，顾寿观译，岳麓出版社，2010，第 156 页。
④ 《马克思恩格斯全集》第四十四卷，人民出版社，2001，第 424 页。

达了对劳动的看法。他认为，自然赋予了自由人与奴隶不同的身体。一部分人身体粗壮适于劳作，一部分人身体挺拔适合参加政治生活。低贱者应当成为高贵者的奴隶，并且这对被奴役的人来说，不仅有益而且公正。① 这背后的逻辑就是，灵魂应当统治肉体，心灵和理智的因素应当统治情欲和非理智的部分。如果肉体支配灵魂，则是背离自然的。劳动是自由人应当避免的苦差事，应当由奴隶这种缺乏思想又四肢强壮的“物”去完成。求知是人类的本性，而最普遍的知识离人的直观感觉最远，需要深入思考。劳动则是不能实现求知目标的。亚里士多德将人类的活动分为三种类型：实践的、创制的和思辨的。② 这开启了影响后世两千多年的人类活动分类标准。这种分类基础有这样一个假设，即“任何一类事物的完美性在于它所具有的那种能与其他事物区分开来的潜力能够被完全实现”③。也就是说，越能反映人类与其他动物不同的领域越高尚，越值得追求。生产和生育不仅没有表现出任何独特的能力，反而剥夺了那些本该用于高层次人类活动的时间和精力。亚里士多德强调思辨哲学是第一哲学，它的对象是永恒的、不运动的、最初的。思辨是人类生活的最高境界。相比之下，创制则是距离思辨最远的活动，也就是最不值得向往的。西塞罗也有类似的看法，他说：“一切工匠从事的也是卑贱的职业，因为作坊不可能拥有任何高尚的才能。最不该受称赞的是那些为享乐服务的行业。”④

综上所述，劳动在被视为“物”的情况下，人们对待它的态度

① 苗力田主编：《亚里士多德全集》第九卷，颜一、秦典华译，中国人民大学出版社，1994，第 11~12 页。

② 苗力田编：《亚里士多德选集　形而上学卷》，苗力田译，中国人民大学出版社，2000，第 143 页。

③ 理查德·奥尔森：《社会科学的兴起 1642—1792》，王凯宁译，科学出版社，2018，第 16 页。

④ 西塞罗：《论义务》，王焕生译，中国政法大学出版社，1999，第 145 页。

从带有积极意义的评价变成了带有消极意义的评价。两种评价的共同之处，就是从根本上把劳动视为一种外化于人的、迫于生存压力不得不从事的活动。所以，积极与消极的评价之间没有本质区别，只不过伴随着阶级统治的牢固，劳动的物性的一面被真实地暴露了出来。

二、作为出卖的商品

劳动与人的工具性关系，除了表现为使用的物品外，还表现为可以出卖的商品。这种古代就存在的商品交换的形式，随着近代资本主义兴起获得更具代表性、普遍性的发展。

劳动产品超出维持劳动的费用所形成的剩余，以及基于这种剩余的积累而形成的基金，是一切社会的、政治的和智力的发展基础。① 的确，生产剩余推动了社会的发展，然而这种发展是有代价的。剩余的出现使得劳动产品的交换成为可能，进而又使劳动者本身成了交换的对象。古代及近代的奴隶贸易就是典型例子。仅仅因为能够提供有效的劳动力，奴隶便被当作商品一样买卖。又如，在封建社会，被统治者为了获得较好的身份地位、过上较殷实的生活，较为可靠的办法就是通过掌握一定技艺来向统治者“出卖”自己。士大夫在一定程度上是通过提供复杂劳动来使自己在“买方独占”的市场中获得较高报酬的，此所谓“学成文武艺，货卖帝王家”。

美国学者贝尔指出：“在古代世界中没有现代意义上的经济原则。家庭经济的生产目标是为了使用，为了自给自足，它不需要花费精力去盘算专业化或劳动分工是否会使人们更为富裕。手艺人和工匠根据定货进行生产，服务的对象是某个特定的顾客。他们按照

① 《马克思恩格斯文集》第九卷，人民出版社，2009，第 202 页。

顾客要求的尺码和形状制造产品，而不是为抽象的‘顾客’或市场生产大众化的产品。”① 随着资本主义的发展和工业革命的兴起，形式自由的雇佣劳动成为现代劳动的主要模式。雇佣劳动不仅在数量上与古代相比有所增加，在社会结构上也发生了根本性变化，即以资本主义社会锻造的物与物的交换为依托。恩格斯认为：“文明时代愈是向前进展，它就愈是不得不给它所必然产生的坏事披上爱的外衣，不得不粉饰它们，或者否认它们，——一句话，是实行习惯性的伪善。”② 社会的发展必然会对现有利益格局做出调整，关键在于这种调整是不是从根本上有利于人类社会全体成员。

随着资本主义从萌芽到发展，社会物质财富丰富起来，经济的运行模式发生了根本性转变，从而影响了法律制度。新的法律制度的基础是将一切关系变成可交换的关系，通过物与物的关系来体现人与人的关系。在这种交换关系下，劳动成为可以交换的商品。这种观念的产生与资本主义的发展逻辑是分不开的。在资本主义发展初期，重商主义学派认为人口是一个国家财富的源泉和国力强盛的标志。在劳动人口数量庞大时，资方可以压低工资，降低成本，进而通过出口增加产品的竞争优势，获得更多的利润。这样一来，国家的财富就会增加。古典经济学先驱威廉·配第从劳动价值论的角度提出了土地是财富之母、劳动是财富之父的主张。他主张增加从事物质生产劳动的人口，压缩牧师、官吏和商人等非生产性人口。③ 洛克从私有制的角度来谈论劳动，认为既然劳动力源自劳动者，那么由劳动所产生的产品也属于个人。

对劳动力做出系统阐释的是古典经济学派集大成者亚当·斯

① 丹尼尔·贝尔：《资本主义文化矛盾》，赵一凡、蒲隆、任晓晋译，生活·读书·新知三联书店，1989，第 278 页。

② 恩格斯：《家庭、私有制和国家的起源》，人民出版社，1972，第 175 页。

③ 李仲生：《西方劳动经济学说史》，中国人事出版社，2015，第 49 页。

密，他认为劳动蕴含的生产能力是劳动力的根本。斯密在《国民财富的性质与原理》中阐释了劳动生产力的概念，指出劳动要素的合理协作可以使生产力最大化，能够生产出丰富的产品。“只要能够进行劳动分工，劳动生产力就能相应地成比例增长。”① 这种增长会带来普遍富裕，即使是最下层的人民也能被惠及。大量产品被出售，每个人都能获得自身所需的产品同时提供别人所需的产品。社会各个阶层会普遍富裕，而形成这一切的原因就是劳动分工。② 生产能力与国家的财富、人民的消费密切相关。斯密认为：“一个国家国民每年的劳动，是供给他们每年消费的一切源泉。”③ 一个国家的财富也就是国民供给情况，与该国从事有用性劳动的人口密切相关。从事劳动的人越多，其生产的产品就越多。斯密深刻地认识到了劳动具有生产力的内涵。李嘉图在坚持斯密提出的商品价值由生产中所耗费的劳动决定的原理上，进一步发展了该理论。李嘉图指出，斯密把商品的价值由耗费劳动决定与购买劳动决定混为一谈是不正确的，认为商品的价值只能由耗费的劳动来决定。④ 德国历史学派经济学家李斯特则拓宽了古典经济学的论述范畴，将脑力劳动、管理、组织行为也纳入生产的考察范围，强调生产力的重要性。社会的、政治的、精神的力量对生产力的发展也非常重要。⑤ 正如马克思评论的那样，“资本的文明的胜利恰恰在于，资本发现并促使人的劳动代替死的物而成为财富的源泉……劳动分解为自身和工资。工人本身是资本、商品”⑥。

---

① 亚当·斯密：《国民财富的性质与原理》，赵东旭、丁毅译，中国社会科学出版社，2007，第 17 页。
② 琼·罗宾逊：《经济哲学》，安佳译，商务印书馆，2011，第 30~32 页。
③ 亚当·斯密：《国民财富的性质与原理》，赵东旭、丁毅译，中国社会科学出版社，2007，第 3 页。
④ 李仲生：《西方劳动经济学说史》，中国人事出版社，2015，第 69 页。
⑤ 李仲生：《西方劳动经济学说史》，中国人事出版社，2015，第 112~113 页。
⑥ 马克思：《1844 年经济学哲学手稿》，人民出版社，2000，第 71~72 页。

总体来说，劳动产生价值的观念或潜在或显在地存在于资产阶级对劳动的认知中。但劳动力与劳动者密不可分。为了将这种劳动力发掘出来，一方面要打破封建社会中的人身束缚，另一方面要构造一个劳动者不得不出卖自身劳动力的社会结构。

就第一个方面而言，西欧封建社会关系是一种僵化的人身依附关系。生产要素固化、流通渠道藩篱重重，无疑在客观上阻碍了资本主义的发展。资本主义社会强调包括劳动力在内的生产要素自由流通，通过高效的生产、分配、交换、消费的过程实现资本的积累。马克思认为，资本主义的社会财富表现为巨大的商品堆积。原来的社会关系是依附性关系，而新型的社会关系是形式自由的关系。依附性关系下劳动力的不自由流通、交换的异质性等阻碍了资本主义的发展。资产阶级民族国家“建立在流动财产（金钱，接着是资本）的基础上，而不再是建立在土地和地租的基础上”①。自由的交换关系是资本主义社会的基础。如果使劳动力成为自由流动的要素，必须首先破除封建关系下对劳动者的人身束缚。在自由、平等、博爱的口号下，资产阶级革命从形式上废除了人与人的直接的奴役关系。这的确是人类的进步，但也存在一定的盲区。正如恩格斯批判的那样，“劳动契约仿佛是由双方自愿缔结的。但是，这种契约的缔结之所以被认为出于自愿，只是因为法律在纸面上规定双方处于平等地位而已。至于不同的阶级地位给予一方的权力，以及这一权力加于另一方的压迫，即双方实际的经济地位，——这是与法律毫不相干的”②。

就第二个方面而言，商品是为了交换而存在的物品。商品之所以能够交换，是因为社会结构赋予了商品交换的价值。马克思认

① 亨利·列菲弗尔：《论国家——从黑格尔到斯大林和毛泽东》，李青宜等译，重庆出版社，1988，第5~6页。

② 恩格斯：《家庭、私有制和国家的起源》，人民出版社，1972，第70页。

为，社会必要劳动时间是商品价值形成的根源，是众多商品得以交换的尺度。然而，劳动并非向来就是抽象的。“劳动并不会使自身抽象化，抽象是外在于劳动的，并处于交换关系的特定的社会交往形式之中。”① 马克思的分析表明，资本主义社会是通过构造出（交换）价值的形式来维系的社会。价值是非物质的、客观存在的社会关系，就像社会生活中的权力、声誉、地位、影响力等。而资本是不断增殖的运动，这种增殖的源泉就在于将劳动力当作商品。与奴隶社会、封建社会不同的是，资本主义社会并不是以强力强迫劳动者出卖自身劳动力的，而是通过剥夺劳动者的生产资料，使得劳动者如果不出卖自己的劳动力就无法生存。这样一来，劳动者在形式上变得自由。“工人不幸而成为一种活的、因而是贫困的资本，这种资本只要一瞬间不劳动便失去自己的利息，从而也失去自己的生存条件……从肉体上来说，他的存在、他的生命，也同其他任何商品一样，过去和现在都被看成是商品的供给。”②

需要指出的是，劳动被当作商品，在资本运作过程中则是一种可变资本。劳动力的维持费和耗费是两个不同的量，正是这种差额导致了其被视为一种可以增殖的资本。韦伯认为：“总的说来，所有这些西方资本主义的独特性质，之所以具有重大意义，完全是由于它们与资本主义劳动组织密切结合的缘故。”③ 这种密切结合，就是将劳动蕴含的生产力视为生产的资本，从而将劳动与生产过程融为一体，其目标就是生产得更多、更快、更好。将劳动——这一与人不可分割的行为——当作生产的一个要素、一个步骤，往复不断地参与生产过程，这是一种将自身的生产能力发挥到极致的劳动

① 阿尔弗雷德·索恩-雷特尔：《脑力劳动与体力劳动：西方历史的认识论》，谢永康、侯振武译，南京大学出版社，2015，第 13 页。

② 马克思：《1844 年经济学哲学手稿》，人民出版社，2000，第 65 页。

③ 马克斯·韦伯：《新教伦理与资本主义精神》，黄晓京、彭强译，四川人民出版社，1986，作者导论，第 21 页。

观念，其目的就是不断地制造丰富的产品。劳动被视为一种资本，被视为可以带来额外收益的物，应当被高效率地利用，这样才符合经济学的逻辑，即“资本是不管劳动力的寿命长短的。它唯一关心的是在一个工作日内最大限度地使用劳动力”①。除了“劳动”，其他许多词语的含义也在资本主义的背景下发生了根本变化。例如，industry 原来是勤勉之意，在 19 世纪变成了工业、实业之意，industrialism 同时被引申为基于系统性、机械式生产的社会秩序。unemployment 原指无所事事、闲来无事的漫游状态，在 19 世纪被引申为失业、失业的状态。② 虽然随着社会的发展，现代劳动者的境遇有所改善，但将劳动者资本化的观念仍在以改头换面的形式不断出场。

劳动被视为商品的社会结构表面上生产了大量的物质财富，但也有不可忽视的负面影响，导致了许多社会问题。波兰尼曾概括道：“把劳动与生活中的其他活动分隔开，使劳动受制于市场法则，是消灭所有的有机生存形式。”③ 这种商品化给劳动者打上了工具性的标签，忽视了劳动者作为人所应具有的目的性。劳动商品化所导致的不容忽视的问题就是人的物化，以及人与人之间的关系被纯粹的利益关系主宰。马克思在《1844 年经济学哲学手稿》中总结道：“国民经济学不考察不劳动时的工人，不把工人作为人来考察，却把这种考察交给刑事司法、医生、宗教、统计表、政治和乞丐管理人去做。”④ 劳动被商品化就是这种形而上学的认知思维将处在普遍运动、联系世界中的人片面化、割裂化对待的结果。这给人类造成的危害无论是在肉体层面还是在精神层面，都是不容忽视的。

---

① 马克思：《资本论（节选本）》，人民出版社，1998，第 135 页。

② 雷蒙·威廉斯：《关键词：文化与社会的词汇》，刘建基译，生活·读书·新知三联书店，2016，第 283~284、549~551 页。

③ 大卫·哈维：《资本社会的 17 个矛盾》，许瑞宋译，中信出版社，2016，第 56 页。

④ 《马克思恩格斯文集》第一卷，人民出版社，2009，第 124 页。

“过劳死”出现年轻化趋势；长期超负荷从事某种职业导致身体处于亚健康状态的案例越来越多；虽然收入有所提升，但精神压力加大，精神卫生不容乐观；有的劳动者甚至被打上“低端人口”的标签而受到不公正的待遇和歧视；等等。这些现象的出现都与劳动者的客体化境遇相关。正如马克思在《神圣家族》中批判的那样，把异化的生命要素当作自己的自由，这实际上是十足屈从性和非人性的。①

更为根本的是，这种商品化在价值层面上导致了劳动者的客体化境遇。康德认为，在实践理性之中，人应当被当作目的而非手段。这是理性为自身实践的立法，是一种绝对命令，是作为一个人所应当无条件遵守的定言命令。在这一命令下，劳动者作为一个人不应被视为手段，而应当成为目的，人们对待劳动者的态度也应当遵循能够普遍化证立的原则。无独有偶，马克思亦批判了客体化劳动，认为这是人的异化。异化贬低了人的尊严，颠倒了人与世界的关系，最终形成了物的世界的增值同人的世界的贬值。对此，马克思提出了一条“绝对命令”，即“必须推翻使人成为被侮辱、被奴役、被遗弃和被蔑视的东西的一切关系”②。国际劳工组织先后通过了八个基本核心公约，其中《强迫劳动公约》《废除强迫劳动公约》《准予就业最低年龄公约》《结社自由及保护组织权公约》等都是对劳动者客体化的反思。此外，1944 年在费城举行第二十六届国际劳工大会，国际劳工组织通过的《关于国际劳工组织的目标和宗旨的宣言》（又名《费城宣言》）第一条开宗明义，指出劳动不是商品。

综上所述，劳动与人的关系作为一种工具性关系，主要有两种

---

① 《马克思恩格斯文集》第一卷，人民出版社，2009，第 316 页。
② 《马克思恩格斯文集》第一卷，人民出版社，2009，第 11 页。

表现形式：一个是作为使用的物品；一个是作为买卖的商品。二者虽然在形态上略有不同，但并无实质上的差别，只不过一种是赤裸裸的强力压迫，一种是隐形化的结构塑造。

第二节　本质性关系

在劳动与人的关系中，劳动还是人的类本质。如果说工具性的劳动观反映的是物质世界中人类的生存问题、必然性的劳动观反映的是神学思想下人类罪与赎的问题，那么本质性的劳动观反映的是人类与其他动物区别原则的问题。劳动是人的类本质这一观点，主要体现在马克思的早期哲学思想之中。它是从一种价值悬设的角度进行论证的，在传播过程中也引起了许多误解。阿伦特批评了马克思把劳动这一自古以来就是人类避之唯恐不及的“祸害”当作人的类本质的观点，但这个批评成立的前提必须是二者对于劳动的定义是一致的。

有学者认为符号是人的本质。有学者认为语言是人的本质，比如奥克肖特认为人类与动物、文明人与野蛮人的区分正是其参与对话的能力，而不是充分推理、发现世界或者改造世界的能力。[①] 马克思认为，意识层面的特点难以成为人与动物的本质区别，因为意识不是历史的前提。也许从功能关系上看，意识的产生和发展对人类社会进步发挥着巨大的作用，但从因果关系上看，意识不是人类历史的起点和基础，因为意识是在人类实践中产生的，意识对物质具有直接的依存性。[②] 马克思形象地指出：“五官感觉的形成是迄

① 迈克尔·舒德森：《为什么民主需要不可爱的新闻界》，贺文发译，华夏出版社，2010，第 215 页。

② 孙伯鍨、张一兵主编：《走进马克思》，江苏人民出版社，2001，第 167 页。

今为止全部世界历史的产物。"① 卡西尔认为，人的突出特征，人与众不同的标志，既不是他的形而上学本性也不是他的物理本性，而是劳作。正是劳作这种人类活动的体系，规定和划定了"人性"的圆周。② 马克思在其早期作品《青年在选择职业时的考虑》一文中强调，如果生活条件容许人们选择任何一种职业，那么应当选择一种能使人们获得最高尊严的职业。而能给人以尊严的只有这样的职业——在从事这种职业时人们不是奴隶般的工具，而是在自己的领域内独立地进行创造；这种职业也不需要有不体面的行动（哪怕只是表面上不体面的行动）。这整体上模糊地呈现了马克思的自由劳动观。随着思想的进一步发展，特别是在受到费尔巴哈的人本主义哲学、黑格尔的辩证法和英国古典政治经济学理论影响后，马克思在《1844 年经济学哲学手稿》中较为系统地阐述了劳动是人的类本质的观点。该手稿从价值悬设的角度反对异化劳动，提倡自由劳动。青年马克思认为，人的真正的类本质是自由自主的劳动。"有意识的生命活动把人同动物的生命活动直接区别开来。"③ 正是基于这一点，人才是有意识的类的存在物，他的活动才是自由的活动。"正是在改造对象世界的过程中，人才真正地证明自己是类存在物。这种生产是人的能动的类生活。通过这种生产，自然界才表现为他的作品和他的现实。"④ 恩格斯后来在《自然辩证法》中总结道，动物仅仅利用外部自然界，单纯地以自己的存在来使自然界改变；人则通过他所作出的改变来使自然界为自己的目的服务，来支配自然界。这便是人同其他动物的最后的本质的区别，而造成这

① 《马克思恩格斯文集》第一卷，人民出版社，2009，第 191 页。
② 恩斯特·卡西尔：《人论》，甘阳译，上海译文出版社，1985，第 87 页。
③ 《马克思恩格斯文集》第一卷，人民出版社，2009，第 162 页。
④ 《马克思恩格斯文集》第一卷，人民出版社，2009，第 163 页。

一区别的还是劳动。① 人是唯一能够凭借劳动而摆脱纯粹的动物状态的动物，他的正常状态是和他的意识相适应的，而且是要由他自己创造出来的。

马克思的自由劳动观认为，社会的发展应该是人的自由自觉的类本质活动的实现。人是类的存在物，不仅因为人在实践上和理论上都把类当作自己的对象；而且因为人把自身当作现有的、有生命的类来对待，把自身当作普遍的因而也是自由的存在物来对待。② 从肉体方面讲，人与动物一样要靠无机界生活，但与动物相比，人的选择范围很广泛；在实践上，人的普遍性表现在它把整个自然界变成人的无机的身体；人是自然界的一部分。异化劳动使人的生命与人相异化。动物不能把自己同自己的生命活动区分开来，人则使自己的生命活动变成自己意志的和自己意识的对象。

在这种自由的、非异化的价值悬设下，马克思从经济关系切入，批判劳动者同生产行为的异化，强调资本主义下的异化带来的社会后果就是人与人的类本质的异化，以及人和人之间的全面异化。“物的世界的增值同人的世界的贬值成正比”③，劳动成为一种异己性的力量。“异化劳动把自主活动、自由活动贬低为手段，也就把人的类生活变成维持人的肉体生存的手段。”④ 马克思批判资本主义社会造成了多重异化。第一是劳动产品与工人的异化。工人不但不能拥有自己创造的产品，反而受制于劳动产品。第二是劳动活动的异化。劳动本应是自由自主的活动，而现实中，工人却不得不出卖自己的劳动力。第三是人的类本质的异化。人类自由的富有创造性的劳动的类本质本来是优点，现实中却畸变为缺点。自由劳

① 恩格斯：《自然辩证法》，人民出版社，2018，第 313 页。
② 《马克思恩格斯文集》第一卷，人民出版社，2009，第 161 页。
③ 《马克思恩格斯文集》第一卷，人民出版社，2009，第 156 页。
④ 《马克思恩格斯文集》第一卷，人民出版社，2009，第 163 页。

动仅仅成为维持自我生存的手段。第四是人与人的异化。人与人本应是平等的，但现实造就了对立的两大阶级——资本家和工人。在资本主义社会里，每个人都彻底地异化了。[①] 马克思批判资本主义的异化劳动将人的类本质颠倒了过来，把自己的本质变成了仅仅维持自己生存的手段。

劳动是人的类本质，主要是以人类与动物最根本的区别为基础的。在人类早期，劳动是最为突出的社会实践方式。通过劳动，人类得以生存、发育、演化进而成为新的物种。而表面上与动物相对立的人类艺术世界、精神世界也是在以劳动为本源的物质世界基础上逐渐产生、发展乃至相对独立的。正是从这一角度，马克思认为劳动是人的类本质。资本主义社会却将人分为对立的工人与资本家，将劳动异化为单向度的生存手段。劳动成为令人厌恶的活动。应当指出，马克思此时对资本主义制度的批判是价值悬设角度而非历史唯物主义视角的批判，带有伦理学意义，并不十分深刻，只是在问题的提出上具有启发意义。

借着亚里士多德关于人类知识领域的划分，阿伦特也强调人类精神生活特别是参与公共生活的能力对于人的重要性。她强调要避免将人的条件规定为人的本质，反对马克思关于劳动是人的类本质的观点。阿伦特先区分了劳动之兽与创造之人。劳动之兽是指像牲畜那样操劳，从事着重复乏味的苦役。这种人将工作本身视为目的，与世隔绝，只专注于手头的活计，只管完成任务，别的什么都不考虑。相比之下，创造之人是物质劳动和实践的判断者，他不是劳动之兽的同事，而是其上司。在阿伦特看来，人类生活在两个境界里。在一个境界里，我们创造事物。我们会忘

① 张一兵、蒙木桂：《神会马克思——马克思哲学原生态的当代阐释》，中国人民大学出版社，2004，第 37~38 页。

记道德伦理，全神贯注在工作上。在另一个境界里，存在一种更高尚的生活：我们停止生产，开始在一起进行讨论和判断。她认为马克思仅仅因为奴隶般的劳动表现了与动物的区别而将其当作人的类本质的做法是不正确的。然而，恰恰是在对劳动的这一理解上，阿伦特误读了马克思。当然，这种误读有一定的背景，那就是马克思主义的教条化。马克思强调劳动是人的类本质。首先，这种劳动是自由劳动，而不是被阶级社会固化的痛苦的劳动；其次，自由劳动本身意味着手脑结合而非割裂；最后，劳动是从人类作为一个类的角度提出的，而不是具体个人的日常劳动。所以，阿伦特在将人类生存状况被划分为三个领域视为一种“似自然性”的天然前提下来谈论劳动，这本身就是有前见的。阿伦特对劳动的区分是错误的，贬低了正在工作的劳动者。所谓“劳动之兽”，其实是能够思考的人。生产者就算没有和其他人交谈，也会在脑海里思索所用的材料；至于那些共同劳动的人，当然会彼此谈论他们正在做的活计。然而在阿伦特看来，人们只有在完成劳动后才会思考，而“无法将双手和大脑联系起来，无法承认和鼓励人们内心有从事匠艺活动的欲望，是西方文明根深蒂固的缺陷”①。

总体上看，马克思早期将劳动看作人的自我创造活动，认为通过这种活动，人才真正成为符合人的本性的人。人的本质不是先验的，而是由自己通过劳动决定的，所以人能够按照本性来认识和对待自己。这种人本主义的观点源于费尔巴哈。马克思曾追随费尔巴哈的人学思想，认为费尔巴哈对人的发现是近代德国哲学最伟大的发现。费尔巴哈第一次用简明的唯物主义语言从思辨哲学的阴影中

---

① 理查德·桑内特：《匠人》，李继宏译，上海译文出版社，2015，序章，第13页。

把人的问题凸显出来。① 费尔巴哈批判了黑格尔的唯心主义，在《基督教的本质》中强调“人的绝对本质、上帝，其实就是他自己的本质”②。人不能超出自己的本质，不能脱离自己的类。人类给予某物的本质规定，总是从人类自身汲取出来的规定。认为劳动是人的类本质，就是人本主义影响下价值悬设的产物。青年黑格尔派的代表人物之一施蒂纳一针见血地指出，费尔巴哈的人本主义不过是打倒了上帝，又把人抬到了上帝的位置。人本主义对马克思的触动很大，然而，随着对社会思考的逐步深入，特别是受英国古典经济学的影响，马克思对于人的类本质的观点也经历了变化。成熟时期的马克思不再像早期那样通过悬设某种价值来批判社会，而是强调实践的重要性，并认为人的本质是一切社会关系的总和。马克思在《关于费尔巴哈的提纲》第六条中写道：“费尔巴哈把宗教的本质归结于人的本质。但是，人的本质并不是单个人所固有的抽象物，在其现实性上，它是一切社会关系的总和。”③ 他在第八条中进一步强调：“全部社会生活在本质上是实践的。凡是把理论引向神秘主义的神秘东西，都能在人的实践中以及对这种实践的理解中得到合理的解决。”④

综上所述，将自由劳动看作人的类本质是马克思早期的观点，20 世纪末期曾被部分西方马克思人本主义流派奉为圭臬。弗洛姆等人在结合西方心理学研究的基础上进一步强调了马克思主义的人本主义面向。不过，这种强调忽略了唯物辩证法的要素。

---

① 孙伯鍨、张一兵主编：《走进马克思》，江苏人民出版社，2001，第 428 页。

② 路德维希·费尔巴哈：《费尔巴哈哲学著作选集》下卷，荣震华、王太庆、刘磊译，商务印书馆，1984，第 30 页。

③ 恩格斯：《路德维希·费尔巴哈和德国古典哲学的终结》，人民出版社，2018，第 61 页。

④ 恩格斯：《路德维希·费尔巴哈和德国古典哲学的终结》，人民出版社，2018，第 62 页。

本章小结

在人类的发展过程中，劳动发挥了非常重要的作用。劳动不仅维持了人类生存的需要，使人类得以创造历史，还激发了人类的实践，促进了人类精神的发展。关于劳动与人的关系，主要存在两种看法。

第一种看法认为二者是工具性关系。这种看法强调劳动是人类得以达到某种目的的方式、手段、工具。这种工具性体现在两个方面。一是将劳动看作物品，强调劳动作为物品的、动态的属性。人类为了生存不得不进行劳动。这种工具性劳动观总体上经历了从褒义到贬义的变化。以阶级社会的出现为转折点，劳动开始带有贬义，具有了痛苦和费力的含义。但无论是积极评价还是消极评价，两者之间没有本质区别，只不过随着阶级统治的牢固，劳动物性的一面被真实地暴露了出来。二是将劳动看作可买卖的商品，强调劳动作为商品的、增值的属性。它将劳动力从劳动中抽象出来，放到市场中用来交换，从而获得报酬。这种商品交换的形式古代就存在，到近代资本主义兴起后获得了更具代表性、普遍性的发展。劳动被视为商品的社会结构虽然表面上生产了大量的物质财富，但也产生了不可忽视的负面影响，导致了许多社会问题。可见，无论上述哪一种形式，工具性劳动观都将劳动与人相隔离、相异化，无法实现人类与劳动的有机统一。

第二种看法认为劳动是人的类本质。如果说工具性的劳动观反映的是物质世界中人类的生存问题，必然性的劳动观反映的是神学思想下人类罪与赎的问题，那么本质性的劳动观反映的是人类与其他动物区别原则的问题。劳动是人的类本质这一观点，主要体现在马克思的早期哲学思想之中。马克思认为，意识层面的特点难以成为人与动物的本质区别，因为意识不是历史的前提。也许从功能关系上看，意识的产生和发展对人类社会进步发挥着巨大的作用，但从因果关系上看，意识不是人类历史的起点和基础，因为意识是在人类实践中产生的，意识对物质具有直接的依存性。马克思形象地指出："五官感觉的形成是迄今为止全部世界历史的产物。"青年马克思认为，人的真正的类本质是自由自主的劳动。他认为有意识的生命活动把人同动物的生命活动直接区别开来。正是基于这一点，人才是有意识的类的存在物，人的活动才是自由的活动。"正是在改造对象世界的过程中，人才真正地证明自己是类存在物。这种生产是人的能动的类生活。通过这种生产，自然界才表现为他的作品和他的现实。"总体上看，马克思早期将劳动看作人的自我创造活动，认为通过这种活动，人才真正成为符合人的本性的人。人的本质不是先验的，而是由自己通过劳动决定的，所以人能够按照本性来认识和对待自己。

第二章　劳动者主体地位的理论阐释

思辨哲学一向从抽象到具体、从理想到实在的进程，是一种颠倒的进程。从这样的道路，永远不能达到真实的、客观的实在，永远只能做到将自己的抽象概念现实化……从理想到实在的过渡，只有在实践哲学中才有它的地位。①

——费尔巴哈

人的思维是否具有客观的真理性，这不是一个理论的问题，而是一个实践的问题。②

——马克思

维护和促进劳动者的主体地位，既是社会主义优越性的集中体现，也是我国宪法的内在要求。劳动者的主体地位既有哲学上的内涵，也有现实层面的意义。在我国这样一个经济体制经历重大转型的社会主义国家，对劳动者主体地位的理论阐释更需要对现实予以关注与回应。首先，应厘清劳动者的含义，系统梳理自中华人民共和国成立至今劳动者含义的谱系学变化。其次，应探明主体地位意义。“主体地位”这一带有哲学意义的概念，自启蒙时期起历经发

① 路德维希·费尔巴哈：《费尔巴哈哲学著作选集》上卷，荣震华、李金山等译，商务印书馆，1984，第108页。

② 《马克思恩格斯选集》第一卷，人民出版社，2012，第137~138页。

展变化，值得深入思考。最后，应明确劳动者主体地位的构造。要立足我国现实，提出具有指导性的理论框架。

第一节　劳动者概念的历史性考察

劳动者主体地位的含义首先离不开我们对劳动者的认知。当下，有的学科从方便自身研究的角度自说自话，忽视了对劳动者的真正关怀。

何为劳动者？按照《现代汉语词典（第7版）》的解释，劳动者是指“参加体力劳动或脑力劳动并以自己的劳动收入为生活资料主要来源的人，有时专指参加体力劳动的人”①。更为专业化的解释，则根据学科的不同而有所不同。从文学的角度讲，劳动者是最有用、最高贵、最幸福的人。② 从经济学的角度讲，劳动是一种生产要素，劳动者是指能够在市场中提供劳动并具有一定人力资源禀赋的人。③ 从政治经济学的角度讲，劳动者是被剥夺了生产资料后，不得不靠出卖自身活劳动而形成的无产者的阶级。④ 从法学的角度讲，劳动者是指在劳动法律关系中，具备劳动权利能力和劳动行为能力的劳动法律关系主体。⑤ 可见，不同学科从各自认知模式出发对劳动者各有定义，甚至难以通约。造成这一现象的原因在于对劳动者的理解共时性过强。对概念的理解既需要共时性的刻画，也需要历时性的考察。人类社会是一个历史的过程，人类社会中的事物也有形成和发展的过程。不可否认，当代社会科学高度凝练、

① 《现代汉语词典（第7版）》，商务印书馆，2016，第780页。

② 沙东迅编：《劳动者》，广东人民出版社，1984，第2页。

③ 保罗·萨缪尔森、威廉·诺德豪斯：《经济学（第19版）》，萧琛主译，商务印书馆，2013，第407页。

④ 《马克思恩格斯文集》第二卷，人民出版社，2009，第38页。

⑤ 关怀、林嘉主编：《劳动与社会保障法学（第二版）》，法律出版社，2016，第29页。

趋向量化的研究方法，正日益把历史思想的作用驱走。不断增长的历史厌倦症成为20世纪中期以来的一大特征。① 对历史的漠不关心开始支配现代社会的科学思想和为这种思想服务的分析哲学，而且，在日常生活中，有越来越多的人开始失去历史意识。对概念的历时性研究，可以更为深刻地分析出隐藏在表面现象下的原因，从而透彻地理解人类对某事物认知存在的值得深入研究之处。对劳动者的概念进行历时性研究，并在此基础上明确当下应当如何确定劳动者的内涵，公平对待法律不同话语体系中的劳动者，显得至关重要。

以中华人民共和国成立为起点，“劳动者”一词在内涵与外延上经历了显著的变化。从1949年中华人民共和国成立至1978年实施改革开放，这一时期我国实行高度集中的计划经济体制，自力更生，自给自足，力图突破西方国家的封锁。而在计划经济时期，政治和经济实际上是未分开的，从事经济劳动总是带有政治意味。在这种背景下，劳动者并不具有现在这样的角色分化后的特点。当时的政策文件上也几乎没有“劳动者”这个词。中华人民共和国成立后提过“工、农、商、学、兵”的说法，指工业、农业、商业、文化教育、民兵，而不是指工人、农民、商人、知识分子、军人这种人格化的角色承担者。个体本身相较而言不再重要，个体所依存的社会地位越发重要。

当时缺乏生产要素的自由流通，并不存在劳动力市场。从1951年公安部制定《城市户口管理暂行条例》到1958年全国人大常委会通过《中华人民共和国户口登记条例》，我国逐步确立了城市户籍和农村户籍的差异化管理模式。工人不可以自由流

① 施密特：《历史和结构——论黑格尔马克思主义和结构主义的历史学说》，张伟译，重庆出版社，1993，第1页。

动，就业要听从分配；单位也没有自主的招工权。国有企业不仅为工人提供终身就业，而且提供各种福利待遇，负担着政治、经济双重职能。总体上看，这一时期的劳动者缺乏分化的个体所具有的流动性。

在这种背景下，劳动者主要是指工农阶级。一方面，这意味着知识分子不被认为是劳动者。另一方面，这意味着农民具有劳动者的地位。苏联和一些东欧国家相对来说经历了以工人阶级为主导的革命运动。我国则不同，在革命的过程中，工人和农民始终是联系在一起的。在《湖南农民运动考察报告》中，毛泽东强调中国革命应当依靠农民（特别是贫农），中国无产阶级的最广大和最忠实的同盟军是农民。这一思想在宪法中得到了延续。1954 年《中华人民共和国宪法》（以下简称“五四宪法”）第一条明确指出，中华人民共和国是工人阶级领导的、以工农联盟为基础的人民民主国家。综上，在计划经济下，劳动者的含义是政治意义突出、以工农为主体的阶级。

十一届三中全会后，我国进入改革开放的时代。发展经济、提高社会主义生产力获得了广泛的支持，成为国家工作重点。一个理论上的创新就是社会主义市场经济。邓小平强调市场经济只是手段，资本主义社会可以使用，社会主义社会也可以使用。当和平与发展成为时代主题时，意识形态的争论就被悬置了起来。20 世纪冷战时期，西方某些思想家也曾有类似的思维。当时盛行意识形态终结论，丹尼尔·贝尔、布热津斯基、弗朗西斯·福山、塞缪尔·亨廷顿等学者都认为意识形态是伪问题、不重要的问题，应当终结。贝尔指出，建立常规的市民社会更加符合 20 世纪下半叶世界的状况。哪些国家实施了这一治国方略，哪些国家便获得了优先发展的机会。或者说哪些国家先放弃意识形态的争论，哪些国家便争取到了发展的时间和机会。[①] 邓小平指出："社会主义阶段的最根本任务就是发展生产力，社会主义的优越性归根到底要体现在它的生产力比资本主义发展得更快一些、更高一些，并且在发展生产力的基础上不断改善人民的物质文化生活。"[②] 这样，经济领域内实行市场经济，并保持公有制为主体成为基本论调。

推动经济发展当时大体有两条途径。一条是作为世界工厂，利用劳动力丰富、廉价的优势发展劳动密集型产业。这可以暂时缓解国家财政紧张的局面，但并非长远之计。另一条是发展技术密集的高科技产业。1975年，邓小平号召科研工作走在前面。"农业搞不好就要拖工业的后腿。如果我们的科学研究工作不走在前面，就要拖整个国家建设的后腿。"[③] 这两条路径深刻地改变了计划经济下的劳动者观念。可以说，从改革开放时代开始，"劳动者"这个词的概念及意义才逐渐浮现出来。

就第一条途径而言，要发展劳动密集型产业，吸引外资，就必须将整体化的劳动者具体化为流动的个人。我国经济改革相对来说是渐进的（首先是外国直接投资，其次是私营部门发展，最后是大型国有企业改革），并在此过程中将公有制还是私有制的意识形态争论重构为中国工业还是外国工业的意识形态争论，即中国工业如何在外国竞争不断加剧的环境下求得生存的问题。[④] 这有一定的历史原因。1978年谷牧在出国考察后向政治局作报告时，提到欧洲愿意向中国提供贷款和现代技术。谷牧解释道，欧洲人愿意投资是因为他们的工厂开工不足，想把产品和技术卖给

① 丹尼尔·贝尔：《意识形态的终结——五十年代政治观念衰微之考察》，张国清译，江苏人民出版社，2001，第15页。

② 《邓小平文选》第三卷，人民出版社，1993，第63页。

③ 《邓小平文选》第二卷，人民出版社，1994，第32页。

④ 玛丽·E. 加拉格尔：《全球化与中国劳工政治》，郁建兴、肖扬东译，浙江人民出版社，2010，第157页。

中国。他还提到了一些可能的方式：补偿贸易、合资生产和外国投资。① 中国工业基础相对薄弱，吸引外资是效果立竿见影的发展策略。

当然，仅仅“借”来设备、技术并不能发展经济，还需要有劳动力这一生产要素。为了适应现实需求，固化的劳动者整体必须被打碎成为一个个可流动的个体。“中国的劳动力必须理性化、正式化和商品化”②，这样才能创造出口导向、制造业导向的东亚奇迹。为了吸引外国直接投资，劳动合同制度应运而生。我国从 20 世纪 80 年代开始推行劳动合同制度。1994 年《劳动法》出台，劳动合同制度正式确立。一系列的改革将劳动者具体化为独立的、可流动的、原子化的个体，目标是为市场经济的运转提供必不可少的生产因素，同时保障企业在决定人事和劳动事务时拥有自主权，不再因所有制或国籍的不同而不同。与此配套的措施就是坚持按劳分配。邓小平指出：“我们一定要坚持按劳分配的社会主义原则。按劳分配就是按劳动的数量和质量进行分配。”③ 在需要首先发展劳动密集型经济的客观现实下，劳动力市场开始形成。劳动者逐渐摆脱阶级整体性的捆绑，成为单义的、中性化的、以劳动力为要素特征的存在。这一转变从国家整体层面看，创造了相对丰富的物质财富，人民的生活水平有所提高。

需要强调的是，在内涵发生变化以后，劳动者的外延也有所改变。知识分子终于成为劳动者的一分子。按照马克思主义的理解，知识界并不是自治而独立的社会集团，而是统治集团的代理人，其行使的是社会霸权的职能，即强加于社会生活的总方向，给与人民

① 傅高义：《邓小平时代》，冯克利译，生活·读书·新知三联书店，2013，第 225 页。

② 玛丽·E. 加拉格尔：《全球化与中国劳工政治》，郁建兴、肖扬东译，浙江人民出版社，2010，第 153 页。

③ 《邓小平文选》第二卷，人民出版社，1994，第 101 页。

大众自发性的首肯。①

虽然我国首先发展的是劳动密集型产业，但这并非改革的主要目标。实现四个现代化，发展高科技产业是关键。而发展高科技产业，离不开以知识分子为代表的脑力劳动工作者。邓小平强调："科学技术叫生产力，科技人员就是劳动者！"② "改革经济体制，最重要的、我最关心的，是人才。改革科技体制，我最关心的，还是人才。"③ "不论脑力劳动，体力劳动，都是劳动。从事脑力劳动的人也是劳动者。将来，脑力劳动和体力劳动更分不开来……要重视知识，重视从事脑力劳动的人，要承认这些人是劳动者。"④ 1978 年，邓小平在全国科学大会开幕式上对知识分子为什么是劳动者进行了透彻的说明。"总的说来，他们的绝大多数已经是工人阶级和劳动人民自己的知识分子，因此也可以说，已经是工人阶级自己的一部分。他们与体力劳动者的区别，只是社会分工的不同。从事体力劳动的，从事脑力劳动的，都是社会主义社会的劳动者……正确认识科学技术是生产力，正确认识为社会主义服务的脑力劳动者是劳动人民的一部分，这对于迅速发展我们的科学事业有极其密切的关系。"⑤

农民的地位也发生了变化。因为务农的收益愈来愈低，许多农民开始进城务工，形成了庞大的农民工群体。然而，由于种种原因，作为城市的建设者，相当一部分进城务工农民在法律上没有被定性为劳动者，而是属于劳务者。劳动者受劳动法保护；劳务者被视为一般民事行为主体，不受劳动法保护。另外，企业家等从事监

① 安东尼奥·葛兰西：《狱中札记》，曹雷雨、姜丽、张跣译，河南大学出版社，2014，第 11 页。

② 《邓小平文选》第二卷，人民出版社，1994，第 34 页。

③ 《邓小平文选》第三卷，人民出版社，1993，第 108 页。

④ 《邓小平文选》第二卷，人民出版社，1994，第 41 页。

⑤ 《邓小平文选》第二卷，人民出版社，1994，第 89 页。

督和管理工作的人在宽泛的意义上也被认为是劳动者。虽然在法律上，他们不是劳动者，但是在政治地位上常被视作劳动者。

“劳动者”概念的演变既有政治因素的影响，也有经济因素的影响。结合“劳动者”一词的本源意义及新形势下经济发展带来的劳动形式的变革，本书对劳动者做出如下界定。

首先，劳动者是可以具体化为个体的劳动者，而非固化为阶级整体的劳动者。这种个体化并不意味着脱离一定社会关系的所有提供劳动的人。如果农民在其承包的土地上自行耕种，然后将农产品拿到市场上交易，那他并不是本书所认为的劳动者，虽然从广义上讲他为社会提供了劳动。本书探讨的劳动者是在一定社会关系中，特别是在社会主义市场经济中的劳动者。也就是说，劳动者是雇佣关系中的受雇者。虽然劳动的提供者自古就存在，但劳动者是指在资本主义兴起后，在雇佣劳动模式下以劳动力买卖为特征的劳动提供者。我国进行市场经济转型后，雇佣劳动模式逐渐兴起，并成为主流。在此情况下，雇佣劳动中的受雇者当然就是劳动者。至于劳动者是农民还是工人，并不具有改变其劳动者身份的决定性作用。只要被纳入雇佣关系，就可以成为劳动者。

其次，管理人员是劳动者。随着社会经济的发展，执行管理职能的群体逐渐形成。他们是受雇于股东，接受股东、董事会等的委托来管理包括一般劳动者在内的公司业务的。一方面他们提供了劳动，另一方面这种劳动并不产生价值。马克思主义认为，生产性劳动是创造价值的劳动。正是生产性劳动的这种性质，保证了人类的繁衍和生存。其他类型的劳动仅仅有助于价值的生产，并不直接生产价值。“凡是直接生产过程具有社会结合过程的形态，而不是表现为独立生产者的孤立劳动的地方，都必然会产生监督和指挥的劳动。不过它具有二重性。”① 这种二重性表现在，如果监督和指挥不是由一切结合起来的社会劳动的性质引起的特殊职能，而是由生产资料所有者和单纯的劳动力所有者之间的对立引起的职能，那就是对他人无酬劳动的剥削；如果在合作工厂中，监督和指挥的对立性质消失了，管理人员不再代表资本同工人对立，监督和指挥就是每一种结合的生产方式必须进行的劳动。② 在我国社会主义市场经济体制下，劳动者与企业并非资本主义体系下的对立关系，所以，受雇于股东的高级管理者从性质上看依然是劳动者，但受保护程度与一般劳动者是有区别的。

最后，高校教师是劳动者。党的十八大以来，国家机构改革被提上日程，其中就包括事业单位改革。事业单位改革在20世纪90年代就已有呼声，在党的十八大以后被加速推进。《中共中央　国务院关于分类推进事业单位改革的指导意见》明确提出，到2020年，建立起功能明确、治理完善、运行高效、监管有力的管理体制和运行机制。对不同类型事业单位实行分类人事管理，依据编制管理办法分类设岗，实行公开招聘、竞聘上岗、按岗聘用、合同管理。高校属于公益二类单位，其改革方向也是取消事业编制，转向合同用工的管理模式。此种模式下，高校教师就是以脑力劳动为内容的付出来获取报酬的劳动者，这与以体力劳动为付出内容的劳动者在劳动形式上非常类似。

综上，劳动者概念在我国经历了从整体到个体、从狭义到广义的变化。结合社会的发展变化及我国实际状况，本章探讨的劳动者为雇佣劳动模式下个体化的受雇方，除了指传统意义上的工人以外，还包括高校教师、用人单位的管理人员及农村进城务工人员等。

① 《马克思恩格斯全集》第四十六卷，人民出版社，2003，第431页。

② 《马克思恩格斯全集》第四十六卷，人民出版社，2003，第433~436页。

第二节　主体地位的哲学考察

劳动者主体地位的落脚点在于主体。何为主体？最为直观的解释就是与客体相对，即强调劳动者应当成为劳动过程的主体，而不是成为类似活动的零件般的客体。正是在这个意义上，本书提出了劳动者主体地位虚置的问题。从哲学层面看，主体内涵丰富，哲学家从不同的角度对主体展开过深入的探讨。主体与个体、主体与结构、认知维度下的主体与实践维度下的主体的关系在哲学上引发过争论。所以，仅仅看到反对客体化的主体这一单层含义是不够的，还应当拓宽主体的研究视域，全面维护劳动者的合法权益。厘清主体的哲学演变脉络，有助于分析中国劳动者面临的困境，进而提出根本性的解决方法。

主体这一思想可以追溯至古希腊智者学派。该学派代表人物普罗泰戈拉提出“人是万物的尺度，是存在者存在的尺度，是不存在者不存在的尺度”。该命题强调人的作用和价值。首先，人是本体的尺度。判断事物是否存在，要以人为尺度。其次，人是认识的尺度。存在着的事物特性如何，状态如何？对事物进行的定性定量研究要以人为尺度。最后，人是价值的尺度。判断存在的事物，如道德、法律等社会事物是否有价值，要以人为尺度。① 这种思想表现出个人主义倾向，后来成为人道主义的渊源之一。在中世纪，一切学科都成为神学的婢女，奥古斯丁和托马斯·阿奎那的神学体系大行其道。文艺复兴、启蒙运动宣扬重新回归人类主体，借着古希腊哲学褒扬人类的伟大。西方社会进入一个科学反对信仰、理性反对神学的时代。人从基督教教义的统治中解放出来，人性受到尊重，

① 段培君：《“人是万物的尺度”的文化阐释——兼论人本主义与理性主义的文化渊源》，《社会科学战线》1995 年第 3 期。

人的欲望得到肯定。科学技术和工业以前所未有的速度发展。当然，这时的主体还有更深刻的内涵，不仅仅是强调人在价值上不应被当作客体、不应被神学完全支配。文艺复兴时期的社会与古希腊的完全不同。资本主义兴起，资本主义生产方式逐渐上升为主要的生产方式，由此在政治、哲学等方面带来了深刻的变化。

一、主体与个体

个体性就是个体主义。个体是与整体相对的，个体主义是随着自由主义的兴起而产生的。有学者概括道："在很大程度上，西方历史可以看成一部解放的历史，即人从各种外在的监护或虚构的压抑下逐步解放的历史。"① 中世纪时期，无论是神权还是王权，宣扬的都是服从，如服从天国的教义、服从世俗的权威。个体是不具有独特的意义的，只有在服从之中才能体现自身的价值。这种状态随着资本主义的兴起而逐渐改变。启蒙运动重新开启了对人的认识，"人是一件多么了不起的杰作"展现了社会的认知转向。人与人之间的关系逐渐取代了人与上帝的关系，成为社会探索的基础。人们试图建立一种"人的科学"。

从发生学的角度看，自由主义是中世纪晚期经济社会发展的结果。拉斯基认为，出于历史的原因，自由主义总是将传统视为进攻的对象，乐于保护个人的创新，而不是赞许政治权力所追求的社会一致性。他将自由主义概括为主观主义加无政府主义。② 这一论断大体勾勒出了自由主义的面貌，而这种自由主义下的个体性是一种

① 弗莱德·R. 多迈尔：《主体性的黄昏》，万俊人译，广西师范大学出版社，2013，第9页。

② 哈罗德·J. 拉斯基：《欧洲自由主义的兴起》，林冈、郑忠义译，中国人民大学出版社，2012，第6页。

占有性的个人主义，即“将自己视为个体人格、能力的所有者，不欠社会任何东西。社会就是由一群所有者的交换组成的”①。它主要强调两个方面。一方面，复兴古希腊的人文主义传统，强调个体的独立性、自主性和目的性，反对神学理论。这在当时主要针对教会而言。另一方面，强调个人独立于权威而有其特殊的意义。这种权威不仅是宗教权威，甚至包括世俗权威（当时主要是指封建国家）。其历史根源就是经济社会的发展变革。资本主义生产方式逐渐兴起、上升，乃至成为统治世界的生产方式。这一生产方式的逻辑就是破除一切阻碍资本流通、自由交换，以及获取利润的因素。而在中世纪，经济原则处于从属地位。中世纪的生产者，不管是在金融领域还是在商业领域，都必须遵守道德规则。比如，劳动时间、原材料的质量、销售方式及获利方式等都必须受到宗教道德的约束。② 在中世纪道德规则中，所有行为都必须与宗教教义的最高目标一致。就对财富的追求而言，其与当时的目标是不相容的。从世俗权威角度看，世俗国家只有在与新型资本主义联合起来反对神学时，才形成了“统一战线”。在破除神学对思想的专制后，世俗专制立刻成为攻击对象。如果国家不能为新兴资产阶级服务，就会遭到讨伐。

霍布斯断言，人类思维就是计算，而计算无非加或减，政治领域也是如此。政治思想必须先割断把个人意志联合起来的纽带，然后再用特殊的方法把个人意志重新组合在一起。这便是契约论。③于是，社会财富观被个人财富观取代，圣意决定行为规则的观念被

---

① C. B. Macpherson, *The Political Theory of Possessive Individualism: Hobbes to Locke* (Oxford: Oxford University Press, 1983), p. 3.

② 哈罗德·J. 拉斯基：《欧洲自由主义的兴起》，林冈、郑忠义译，中国人民大学出版社，2012，第 9 页。

③ E. 卡西勒：《启蒙哲学》，顾伟铭、杨光仲、郑楚宣译，山东人民出版社，1988，第 17 页。

功利主义取代，功利主义的目标不再取决于社会公益，而是取决于能否满足个人需求这一愿望。科学否定的是信仰的权威，政治否定的是君主无限意志的权威。社会领域中主张限制专制权力的愿望逐渐派生出自然法的观念。可以说，当时上层建筑的外壳已经容纳不下资本主义经济发展肥硕的躯体了。在洛克等启蒙思想家的宣传下，自由主义逐渐在各个领域获得胜利。“这场胜利在道德上是功利主义的胜利，在宗教方面是信仰自由的胜利，在政治领域则是宪政政府的胜利。在经济领域，国家变成了经济的附庸。”① 无论是神学意义上带有终极目的的救赎式整体观，还是封建国家里的无限意志，都已不再适合自由的个体的发展。个体性体现着自由主义精神，能满足新兴资产阶级的需要。“从历史的角度看，自由主义的思想不可避免地和财产所有权相联系。它所追求的目标也是那些拥有财富地位的人的目标。在这个狭窄的范围之外，作为它所强烈追求的权利载体的个体，只不过是一个抽象物。”②

个体性的发展实际上源自资产阶级发展所面临的种种障碍。为了破除障碍，自由主义成为有力的理论武器。个体性只有在资本主义框架下才能得到深刻的理解。附着于个体性的自由属性强调自身才是进行评价的权威，而不是被评价的对象。“它很自然地抑制除个人自身权威以外的权力，并倾向于通过考察这种权力对个人欲望的影响来评价权力的合法性。”③ 马克思主义认为，这种个体性把人类引向一种内向型生活，使人类专注于自身的特殊技能和专业化。“他们只有在拒绝、轻视其他的社会组成部分和其他人的生活，

---

① 哈罗德·J. 拉斯基：《欧洲自由主义的兴起》，林冈、郑忠义译，中国人民大学出版社，2012，第 56 页。

② 哈罗德·J. 拉斯基：《欧洲自由主义的兴起》，林冈、郑忠义译，中国人民大学出版社，2012，第 7 页。

③ 哈罗德·J. 拉斯基：《欧洲自由主义的兴起》，林冈、郑忠义译，中国人民大学出版社，2012，第 83 页。

或把其他的社会组成部分和其他人的生活放到不现实的水平时，才会意识到其他的社会组成部分和其他人的生活。”① 资本主义下的个体性不过是个人主义一种抽象的、空洞无物的、负面的形式。它不但没有使人获得彻底的解放，反而在某种程度上使人陷入退化。人的生活变得两极分化：工作与休息、公共生活与个人生活、幸运与不幸、理想与现实、奇迹与平凡。这种意识不是拓展世界而是蜷缩自我。人越是蜷缩，就越觉得那是他自己，从而会滑向最狭隘、最贫瘠、最孤独的生活。②

这种与整体相对的个体，强调自身享有原子般的活动自由，不应当受制于任何整体性。个体与主体虽有联系，但并不完全等同。强调主体无疑是注重劳动者的个人权利，并不是为了整体利益而牺牲或放弃个人利益。这在某种程度上与个体性相同。但是，主体还具有更为立体的含义，如众多个体如何相处。主体并非局限于单义个体的主体，而是多义个体的主体。具体来讲，前者的核心是占有性的个体，强调自身对整体的优先性；后者更注重独立个体之间的作用，强调个体的交互性。梅洛-庞蒂曾对这种交互性做出形象的解释，认为众多个体作为共在，是相互涉入和相互缠绕地显现出来的。这种交互性就像两个圆圈、两个漩涡、两个星体。当我们朴实无华地生活时，它们同心相交。由众多个体组成的社会并不是逻辑意义上的个体的集合，而是一种复杂的缠绕体。③ 这种交互类似于阿多诺提出的伙伴型关系。主体之间的交互影响是一种平等而带有差异的和平交往，是集体主观性、个体主观性与客观世界的集合，

---

① 亨利·列斐伏尔：《日常生活批判》第一卷，叶齐茂、倪晓晖译，社会科学文献出版社，2018，第 136~137 页。

② 亨利·列斐伏尔：《日常生活批判》第一卷，叶齐茂、倪晓晖译，社会科学文献出版社，2018，第 137 页。

③ 弗莱德·R. 多迈尔：《主体性的黄昏》，万俊人译，广西师范大学出版社，2013，第 118 页。

是一种星丛般的非架构状态。[①] 它反对资本主义社会强调的形式合理性。西美尔指出，资本主义文明的显著特征之一就是手段遮蔽目的。人们陷于手段的迷宫而遗忘了目的。[②] 形式化往往以表面的自由交换作为衡量正义与否的依据，而忽视或不去追问现象背后的问题。资本主义经济交换的本质是夷平的过程，即把世界上充满个性和特点的事物变成“无特性、无色彩和无人性”[③] 的东西。阿多诺反对这种同一性，认为内容优先于方法，主体之间不是在类似于商品交往的同一性的逻辑下互相交往的，要尊重主体的差异和交互环境的平等。德里达对交互关系中的他者进行了批判，认为交互关系中的主体是不能在彼此被看作他者的基础上达至的，即便互相尊重。德里达指出，他性包含一种超越自身之外的指涉。“他”不能从那种与自我的关系中摆脱出来，因此也就不再是无限的他人。德里达坚持认为，只要把交互主体视为我—他关系，即把他人作为绝对陌生者或另一个“我”来对待，就会剥夺他人作为一个自我的平等性。“他人的自我性质使他可以用同说我自己相同的方式来说‘我’，而这一点正是他为什么是他的原因所在，也就是他为什么不是一块石头或者不是我的具体经济环境中的一种不能言语的实体缘由所在。”[④] “我”的自我特性不能被解释为没有为他性触及的自我同一性，交互性主体中的他人并不是作为个体的我的世界中的一个不能言语的实体。

综上，与个体不同，主体更加注重主体间的关系及与人类生

① 张一兵：《无调式的辩证想象：阿多诺〈否定的辩证法〉的文本学解读》，生活·读书·新知三联书店，2001，第56页。

② 西美尔：《金钱 性别 现代生活风格》，顾仁明译，学林出版社，2000，第10~11页。

③ 西美尔：《金钱 性别 现代生活风格》，顾仁明译，学林出版社，2000，第15页。

④ 弗莱德·R. 多迈尔：《主体性的黄昏》，万俊人译，广西师范大学出版社，2013，第124页。

活、客观世界的联系。从与个体相对这个方面看，这种主体内涵对于劳动者主体地位的构建有以下启示。

首先，它强调不能仅仅将劳动者视为劳动力的所有者。将劳动者视为蕴含一定能力的人，认为劳动者可以凭借劳动力到市场上交易并获得报酬，这实质上限制了劳动者的自由。虽然此类看法看似赋予了劳动者以主体地位，即劳动者有权利选择向谁提供劳动，不再处于人身依附状态，但仍过于浅表，没有理解雇佣劳动的本质。这种背景下的劳动者其实仍旧是客体。对劳动者主体地位的理解应当超越雇佣关系。其次，它强调劳动者之间的团结性。按照西方经济学家的观点，劳动力市场的竞争状况决定了劳动者的工资待遇。奉行新自由主义的经济学家甚至认为，任何对劳动力市场的干预，包括最低工资制度、工会制度，都会破坏自由的劳动力市场，给经济运行带来危害。所以，国家应当尽量减少干预，让竞争充分发挥作用。劳动者的主体地位强调劳动者之间并不是互相竞争的关系，而是强调劳动者要互相团结、彼此合作、利益共享。最后，它强调一种伙伴型而非买卖型的劳动关系。雇佣劳动是典型的以劳动力买卖为标的物的劳动关系，与资本主义的起源密切相关。现代西方资本主义国家劳动力市场正是以此为基础而构建的，只不过劳动者的劳动条件和劳动待遇相对于以前有了改善。我国作为社会主义国家，应当突出社会主义市场经济的特色，使劳动关系奠基于以联合劳动为目标的伙伴型劳动关系。

二、主体与结构

严格说来，结构主义并不是一个统一的哲学流派，而是由结构主义方法联系起来的一种涉及语言学、社会学、历史学乃至人类学等多个学科的哲学思潮。

结构主义的创立者是瑞士语言学家索绪尔。索绪尔并不完全赞同传统语言学的研究逻辑，不认为语言的意义取决于语言单位本身所具有的意义，或者孤立的语言单位本身不具有意义。索绪尔将语言看作符号体系，认为语言单位要么取决于语链上的周围辞项，要么取决于构成它本身的各个连续的部分。“观念需要的不是一种形式，而是整个一个潜在的系统，有了这个系统，人们才得以获得构成符号的必要对立。符号本身根本就没有任何固有的意义。”① 索绪尔将作为社会现象的语言和作为个人现象的言语区别开来，在共时性研究的基础上提出了横向组合关系、关联聚合关系的逻辑结构。这种语言学的分析模式成为结构主义方法论的源头。

法国人类学家列维-施特劳斯将这种语言学的方法运用到人类学研究之中，通过结构主义对人类社会的亲属关系进行分析。他认为夫妻、兄弟、姐妹等亲属关系的深层亲属结构是“女人的交换”，即以女人为中介进行交换。拉康把结构主义运用到精神分析之中。他把笛卡尔的名言颠倒为“我思我不在之处，故我在我不思之处”。也就是说，“我”不在自我意识的圈子内，而在一种无意识的精神结构中。在这种结构中，主体从出生开始就在不断进行斗争，争取被另一个意识承认。② 自此，结构主义在多个学科蔓延开来。

总体上看，结构主义主要有以下几个特点。第一，强调整体性研究，反对孤立、局部的研究。例如，话语的意义取决于所说的语言，姿势与实践的意义取决于它们身处其中的范围广泛的文化。第二，强调共时性研究，忽视历时性研究。既然事物的性质和意义是由内部整体性结构决定的，那么事物的变化也就是内在结构的不同部分组合的结果，所以只需要考察事物的横截面。第三，强调对事

① 费迪南·德·索绪尔：《普通语言学教程》，裴文译，江苏教育出版社，2002，第137页。

② 徐崇温：《结构主义与后结构主义》，辽宁人民出版社，1986，第17~18页。

物内在结构的认知，反对实证主义。实证主义喜欢根据观察来认识事物。对实证主义来说，要说明就要找原因，而原因只能从可被观察到的规律中引申出来。结构主义认为，在能观察到的现象表层之下存在着不能被直接观察到的实在层。第四，承认社会结构的约束性，即承认社会结构对人类主体具有决定性的制约作用。正如列维-施特劳斯所讲，“必须抛弃主体（人）这个令人讨厌的宠儿，它占据哲学舞台的时间太久了”①。

从结构与主体的角度看，结构主义强调结构不以人的意志为转移的客观作用，忽视甚至否定人的主观能动作用。结构不是客观世界所固有的，而是人脑的结构化潜能对混沌的外界的一种整理和安排。结构是先验的，是无意识的。在这种逻辑下，人只是构成结构的复杂关系网络中的一个关系项，本身并不具有独立性。结构主义就这样把主体归结为一种非人结构的从属性代理人，形成“主体移心说”。它否认个人在认识和实践中的作用，否认思维主体能够在认识论中居于中心地位，认为人的一切行为都无意识地受结构支配，人只能体现结构的作用，是结构的载体。结构主义认为，正是结构决定着人的全部行为，结构是人的全部生存依据。主体是被动的，是外在力量的某种表现。但归根结底，结构主义还是从主体出发的，只是它极力避免从单个的主体出发，而主张从集体的、社会的主体出发，实际上是以集体的、先验的主观性去代替个人的、有意识的主观性。从这个角度来看，结构主义的“主体移心说”似乎就是在强调人类共同生活过程中形成的无意识的因素的重要性。这种共时性结构并不能取代历时性的历史发展，因此不应将结构看作超越人类社会、历史的存在，也不能认为没有矛盾的、封闭孤立的实体主宰着人类。依照马克思主义辩证法，社会是不断发展变化

① 夏基松：《现代西方哲学（第二版）》，上海人民出版社，2009，第395页。

的，并且人类社会的发展是通过不断克服内在矛盾而实现的。

从结构与主体的关系看，强调劳动者的主体地位需要注意以下几点。首先，主体会受到结构性的制约。结构性的制约与一般的可以感觉到的经验性阻力不同，它更加难以察觉，甚至被视为理所当然。其所具有的制约力、主宰力往往比看得见的阻力更大、更持久。如果忽略结构，劳动者主体地位的构建可能成为空中楼阁。其次，不能把结构仅仅局限于无意识的精神结构。社会结构、法律结构等也是现实中存在的能够对人类行为产生重要制约的结构。人类并非完全受制于结构，还可以主动地、有意识地改变对主体构成不合理限制的结构，如社会结构、法律结构。当然，这一过程可能相对复杂。最后，物质决定意识，经济基础决定上层建筑。结构虽然重要，但其是第二性的，人类社会的经济生活具有优先地位。也就是说，除了打破不合理的束缚劳动者的法律结构外，发展生产力，提高劳动者生活水平，从而在根本上改善劳动者的地位也是非常重要的。

三、认知主体与实践主体

主体本身会经历一个从认知主体向实践主体转化的过程。法国哲学家笛卡尔提出了“我思故我在”的认识论原则。面对资本主义不断扩张的本性，在认识论上，新兴资产阶级不再满足于神学的解释。笛卡尔说：“如果我想在科学上建立起某种坚定可靠的、经久不变的框架，我就必须认真地把我以前的见解彻底清除干净，然后从头开始。”① 他认为，世界上所有的知识，甚至数学都值得怀疑，

① 唐纳德·帕尔玛：《西方哲学导论：中心保持不变吗?》，杨洋、曹洪洋译，上海社会科学院出版社，2009，第 57 页。

但只有“我在思考”这件事是确定的、不可置疑的。据此，笛卡尔构建起整个认识论的大厦，开创了彰显人类主体的理性主义学派。这种理性主义认识论坚持身心二元论，强调自我是心灵或灵魂，肉体并非自我的本质成分，而且可以凭借理性实现对世界的完全认知。这一强调人类作为认知主体的观念，在一定程度上肯定了人类在面对自然界时所具有的能动作用，反对人们被动忍受、一味祈祷或将改变寄托于虚幻的彼岸世界。

认知主体观念受到英国经验主义哲学家休谟的挑战。休谟提出“是”与“应当”的区分，即在逻辑上不能从实然必然推导出应然，应像铡刀一样切断二者之间的联系。从实然推导出应然，休谟认为那只不过是一种妄想。面对经验主义与理性主义的争论，特别是应然与实然之间的鸿沟，德国古典哲学家们开启了深入的、思辨性的分析，并最终由马克思提出了实践主体理论。康德在《纯粹理性批判》中对理性做了分析检讨。一方面，他批判了理性主义所宣扬的理性全能的观点，强调物自体是不能被认知的，人们能得到的只是物自体作用于感官所引起的感觉和印象。另一方面，他批判了休谟式的经验主义怀疑论，否认人类无法获得普遍性的知识。据此，康德提出了先天综合判断何以可能的问题。他将这种可能归结为理性所具有的先天综合范畴。在《实践理性批判》中，康德对人类的道德进行了先验式的研究，试图通过理性主义与经验主义的折中形成自己的哲学。日本学者安倍能成认为，康德“在近代哲学史上恰似一个处于贮水池地位的人。可以这样说，康德以前的哲学概皆流向康德，而康德以后的哲学又是从康德这里流出的”①。当然，康德的学说也有不彻底之处，特别是保留了一个不可认知的物自体的尾巴，在现象界和认知界之间掘出鸿沟。

① 安倍能成：《康德实践哲学》，于凤梧、王宏文译，福建人民出版社，1984，第3页。

费希特继续批判和发展康德的学说，提出了自我设定自己、自我设定非我、自我与非我统一的主观唯心主义哲学。谢林将主观唯心主义转向客观唯心主义，认为主观世界与客观世界存在双重关系：一方面，观念来源于物；另一方面，观念能够转化到现实中去。谢林旨在说明独立不依于观念的物如何能与观念一致，认为“这种更高的东西本身就既不能是主体，也不能是客体，更不能同时是这两者，而只能是绝对的同一性”①。绝对的同一性是先于意识的抽象概念，全部问题的关键就是这种绝对的同一性的自我发展。也就是说，无论是自然界还是人类意识都是某种非人的、本源存在着的精神的派生。但谢林缺乏辩证的或实践的思考方式，他将绝对的同一性定义为 A＝A 这种形而上学意义上的同一性，无视差别，即使谈到差别，也仅承认量的差别而否认质的差别。谢林的哲学取消了包含在同一性中的差别性和对立，无法说明差别和变化的状态。

在此基础上，黑格尔提出了精神哲学。他将精神分为主观精神、客观精神和将二者统一起来的绝对精神三个部分，并认为无论是自然界还是人类历史都是绝对精神的变化过程。黑格尔指出，精神是自然的真理，是自然的绝对第一性的东西；同一性就是绝对的否定性，概念只有作为对自然的回复，不断扬弃自身，才同时是这个同一性②，即“必须把观念性，就是说，理念的异在的扬弃、理念从它的他物向自身回复和回复到了自身，称为精神概念与众不同的规定性”③。在黑格尔那里，逻辑学、认识论、本体论三者是统一起来的。这就在德国古典哲学中消除了康德所讲的不可认知的物

① 谢林：《先验唯心论体系》，梁志学、石泉译，商务印书馆，1976，第 250 页。

② 黑格尔：《精神哲学——哲学全书·第三部分》，杨祖陶译，人民出版社，2006，第 10 页。

③ 黑格尔：《精神哲学——哲学全书·第三部分》，杨祖陶译，人民出版社，2006，第 11 页。

质体。整个世界，无论是自然界还是人类社会都统一于绝对精神的发展。当然，这是一种能动、辩证的运动。而辩证法的实质就是精神在历史中表现出来的一种能动的上升过程。黑格尔的辩证法将历史与逻辑、自由与实践、自然界与人类社会都统一了起来。就自然界与人类社会而言，黑格尔不认为，自然界仅仅是外在的、僵死的物性存在。他在《自然哲学》中将自然界分为机械论、物理论和有机论三个阶段，而有机论阶段发展的顶点就是出现了人类，也就是产生了人类世界。黑格尔认为，自然界在人类身上达到了自我意识，人是自然界的产物，体现着自然界最深刻的本质。自然界不仅可以产生人这样的生物，还可以产生人的精神。自然界和精神不是两个东西，精神是自然界自身潜在的、尚未表现出来的本质。①

这样，人类与自然不仅处于认知的主体与客体的对立关系中，还要符合绝对精神的扬弃运动。认知是实践的认知不是静观的认知，实践是精神的发展不是盲目的活动。其中就蕴含着实践作为认知过程，将先验逻辑上升为辩证逻辑的内涵。遗憾的是，这种实践不是人类的实践，而是精神的辩证运动过程，是一种客观唯心主义的样态。诚如列宁所讲，这客观上标志着德国古典唯心主义哲学从康德到黑格尔的全部发展愈来愈接近回复到唯物主义了，而且是已经达到了这样一个临界点——只要沿着这条曲线认真地前进一步，彻底抛弃黑格尔的绝对理念，就可以回复到唯物主义了。② 黑格尔的精神哲学受到唯物主义哲学家费尔巴哈的批判，但费尔巴哈消除了其中辩证法的因素。马克思在批判费尔巴哈和黑格尔的基础上，提出了唯物主义的、实践的主体观念。在《〈黑格尔法哲学批判〉导言》中，马克思批判了黑格尔绝对精神这种唯心式的革命，指出

① 邓晓芒：《邓晓芒讲黑格尔》，北京大学出版社，2006，第 55 页。
② 杨祖陶：《康德黑格尔哲学研究》，武汉大学出版社，2001，第 97 页。

德国哲学是德国历史在观念上的延续。德国的国家哲学和法哲学在黑格尔著作中得到了最系统的表述，对这种哲学的批判就是对思辨的法哲学本身的批判。因为这种思辨仍是彼岸世界的幻影，所以，对思辨的法哲学的批判既然是对德国迄今为止政治意识形态的坚决反抗，那它就不会专注于自身，而会专注于客体。批判的武器不能代替武器的批判，物质力量只能用物质力量来摧毁。在《关于费尔巴哈的提纲》中，马克思强调了实践的意义，认为旧唯物主义的主要缺点是对对象、现实、感性，只是从客体的或直观的形式去理解，而不是当作感性的人的活动，当作实践去理解。马克思指出，人的本质是一切社会关系的总和，而全部社会生活在本质上是实践的。凡是把理论引向神秘主义的神秘东西，都能在人的实践中及对这种实践的理解中得到合理的解决。马克思是通过人的历史的、辩证的实践来消融主体与客体、精神与物质的二元对立的。至此，从哲学上看，人的主体的含义发生了深刻转变，从认知主体转向了实践主体。

从上述思想脉络可以看出，实践主体的主体并非主客二分情况下的主体，而是主客合为一体情形下的辩证的实践过程。这种实践是唯物主义式的实践，是人类历史性的实践。这种实践既是认识也是行动，具有“要成为其存在”的本质。萨特总结称，马克思的主体不是僵死的，而是人类在新的环境下的自我“重复”。这并不意味着原地打转，而是既是重复也是创造。人不断地自我重复，同时也通过自我创造本身而不停地革新。主体性不是完全内部性质的完满，而是要从外部性激发的创造来理解。①

实践主体观对于劳动者主体地位的构建具有如下意义。首先，劳动者不应仅仅被视为劳动力的负载者。劳动的过程就是实践的过程，在这一过程中，劳动力并非起主要作用的要素。劳动者与劳动

① 让-保罗·萨特：《什么是主体性?》，吴子枫译，上海人民出版社，2017，第62页。

力的二分模式，实则是主客二分思想在劳动关系中的投射，即认为劳动者是主体，劳动力是客体，仿佛二者可以分开。但实践主体意味着“劳动力”这一概念不应割裂地存在，二者应当统一于劳动者的实践。其次，劳动立法的目标不应仅仅被理解为保护劳动者不受强势一方的压迫。实践主体意味着劳动者主体地位带有人类实践的深刻内涵。劳动法的立法目标应从如何促进这种实践入手，解决实践过程中可能会遇到的问题。保护劳动者不受压迫仅仅是最为基础的保障，如果将此作为最终目标未免本末倒置。最后，劳动权不是劳动的权利，而是实践的权利。马克思主义认为劳动不应被狭隘地理解为体力的付出。从历史唯物主义角度看，劳动创造了人，劳动是人类历史实践的表现。对宪法中的劳动权的理解，不应局限于劳动这种表面化的活动，而是要深入实践的内在含义。

综上，主体这一哲学问题，实际上可以抽取出三种不同的视角。主体与个体、主体与结构、认知主体与实践主体这三重视角有助于全面系统地理解何为主体。

第三节　劳动者主体地位的构造

劳动者主体地位的理论内涵是劳动者与主体地位的统一。不能仅仅从不要把劳动者当作物化的客体或者虚置的主体的角度来理解主体，非客体、非虚置仅仅是主体地位的必要条件，而非充分条件。劳动者主体地位可从以下几个方面建构。

一、明确劳动者的范围

劳动者既不能仅仅局限于马克思论述的生产性劳动者，也不能泛化为宪法意义上的所有公民。与马克思撰写《资本论》的时代相比，消费结构、社会分工状况如今发生了深刻变化，产业结构也发生了深刻变化。中国社会科学院曾组织课题组对这个问题进行深入研究，认为创造价值的生产劳动与不创造价值的非生产劳动的划分也应发生变化，否则，理论就难以适应现实。第三产业的劳动应被视为创造价值的生产性劳动；科技劳动在经济发展中具有独特的创新力；管理劳动体现了人类劳动独具的组织力。因此，我国的分配制度必须正确对待生产要素参与价值分配的现实性和合理性，以及资本在经济增长中的贡献。① 该课题组基于社会情况变化对马克思的劳动者定义进行符合时代发展的解释的出发点是好的，但是，这种解释扩大了生产的含义。具体而言，如果资本家的管理付出也是生产性劳动进而资本家也算劳动者的话，那么他与其雇佣的人员有何区别？甚至最后的结果就是不存在资本家了。或者能否说，从宪法意义上，雇佣者与被雇佣者都是劳动者，而在具体部门法中，只有被雇佣者才是劳动者？这种认知显然存在逻辑断裂。二者定位不清，正是劳动立法不断引起争议的原因之一。马克思认为资本家仅仅是资本的代理人，正是在这个意义上，只要有资本运作存在就会有资本家和雇佣劳动制度。

本章论述的劳动者，从具象化角度讲，除了指传统意义上的工人等生产性劳动者以外，还包括高校教师、用人单位的管理人员及农村进城务工人员等；从理论角度讲，仍然坚持马克思关于生产性劳动与非生产性劳动的区分，并且将部分进行非生产性劳动的人视为劳动者。指挥和监督劳动如果不是由一切结合的社会劳动的性质引起的特殊职能，而是由生产资料所有者和单纯的劳动力所有者之

---

① 中国社会科学院经济研究所课题组：《关于深入研究社会主义劳动和劳动价值论的几个问题》，《经济研究》2001 年第 12 期。

间的对立引起的职能，无疑是应当受到批判的。① 反过来，在消除了生产资料之对立的分工中，非生产性劳动不具有剥削的性质。从事非生产性劳动并不必然就是不道德、不正当的。

二、拓宽主体地位的研究视域

异化劳动是马克思在《1844 年经济学哲学手稿》中提出的概念。在这一时期，马克思是从人本主义价值悬设的角度看待劳动问题的。他通过批判劳动产品的异化、劳动活动的异化，进而批判人的类本质的异化。这具有一定的意义，但是也存在许多问题。最主要的问题是树立了一个静态化的图式，并以此来评判现实。在马克思写出这部手稿后不久，施蒂纳出版了对人本主义理论逻辑进行全面批判的《唯一者及其所有物》，一针见血地指出费尔巴哈的人本主义不过是打倒了上帝，又把人抬到上帝的位置。施蒂纳批评人本主义是新一轮的造神运动。这种非异化的类本质的人“保持为一个崇高的彼岸世界，一个达不到的最高本质，一个神”②。

防止异化劳动是主体地位的必要条件，而非充分条件。本书在批判主体地位虚置的基础上，对主体地位进行了三个维度的拓展延伸。从个体与主体的维度讲，个体与主体虽有联系，但并不完全等同。个体强调自身享有原子般的活动自由，并不应当黏附于任何整体性。这有一定的进步意义，但是，主体还具有更为立体的含义，如众多个体应如何相处。主体并非局限于单义个体的主体，而是多义个体的主体。从主体与结构的维度讲，一方面，结构对于主体有一定制约作用，主体不能随心所欲地改变世界；另一方面，主体有

① 《马克思恩格斯全集》第四十六卷，人民出版社，2003，第 433 页。

② 麦克斯·施蒂纳：《唯一者及其所有物》，金海民译，商务印书馆，1989，第 156 页。

一定的能动性，甚至可以改变不合理的结构。从认知主体与实践主体的维度讲，主体地位不仅仅意味着一种认知，即在主客观二分模式中主体对客体的把握；它还强调主体的实践性，即通过人的历史的、辩证的实践来消融主体与客体、精神与物质的二元对立，进而实现人类的主体地位。这三重维度超越了主体地位的虚置维度，没有局限于非客体化这一基本要求。它在满足主体地位的必要条件的前提下，着重探讨了满足主体地位充分条件的构成。当然，这一探讨并不意味着穷尽了主体地位的充分条件，但这些已知的条件有助于深化劳动与人的关系的认知，维护劳动者的权益，从法理层面推动劳动立法的进步。

三、明确劳动者主体地位的应然内涵

在排除异化劳动的前提下，如何进一步构建劳动者主体地位理论？主体地位理论如何对劳动立法发挥指导性作用？在劳动立法过程中，突出劳动者的主体地位，首先要明确劳动者主体地位意味着什么。

从区别于个体的主体的角度讲，首先，劳动者主体地位强调不能仅仅将劳动者视为劳动力的所有者。将劳动者视为蕴含一定能力的人，认为劳动者可以凭借其劳动力到市场上交易并获得报酬，这实质上限制了劳动者的自由。虽然此类看法看似赋予了劳动者以主体地位，即劳动者有权利选择向谁提供劳动，不再处于人身依附状态，但仍过于浅表，没有理解雇佣劳动的本质。这种背景下的劳动者其实仍旧是客体。对劳动者主体地位的理解应当超越雇佣关系。其次，劳动者主体地位强调劳动者之间的团结性。按照西方经济学家的观点，劳动力市场的竞争状况决定了劳动者的工资待遇。奉行新自由主义的经济学家甚至认为，任何对劳动力市场的干预，包括最低工资制度、工会制度，都会破坏自由的劳动力市场，给经济运行带来危害。劳动者的主体地位强调劳动者之间并不是互相竞争的关系，而是强调劳动者要互相团结、彼此合作、利益共享。最后，劳动者主体地位强调一种伙伴型而非买卖型的劳动关系。雇佣劳动是典型的以劳动力买卖为标的物的劳动关系，与资本主义的起源密切相关。现代西方资本主义国家劳动力市场正是以此为基础而构建的，只不过劳动者的劳动条件和劳动待遇相对于以前有了改善。我国作为社会主义国家里，应当突出社会主义市场经济的特色，使劳动关系奠基于以联合劳动为目标的伙伴型劳动关系。

从区别于结构的主体的角度讲，首先，主体会受到结构的制约。结构性的制约与一般的可以感觉到的劳动者权利受到侵害的事实不同，它更加难以察觉，甚至被视为理所当然。其所具有的制约力、主宰力往往比看得见的阻力更大、更持久。如果忽略结构，劳动者主体地位的构建可能成为空中楼阁。其次，不能把结构局限于无意识的精神结构。社会结构、法律结构等也是能够对人类行为产生重要制约的结构。人类并非完全受制于结构，还可以主动地、有意识地改变对主体构成不合理限制的结构，如社会结构、法律结构。从法律的角度讲，立法虽然不能直接强制改变整个与劳动相关的意识结构，但可以改变法律结构，进而影响其他结构。最后，物质决定意识，经济基础决定上层建筑。结构虽然重要，但其是第二性的，人类社会的经济生活具有优先地位。也就是说，除了打破不合理的束缚劳动者的法律结构外，发展生产力，提高劳动者生活水平，从而在根本上改善劳动者的地位也是非常重要的。

从区别于认知主体的实践主体的角度讲，首先，劳动者不应仅仅被视为劳动力的负载者。劳动的过程就是实践的过程，在这一过程中，劳动力并非起主要作用的要素。劳动者与劳动力的二分模式，实则是主客二分思想在劳动关系中的投射，即认为劳动者是主体，劳动力是客体，仿佛二者可以分开。但实践主体意味着“劳动力”这一概念不应割裂地存在，二者应当统一于劳动者的实践。其次，劳动立法的目标不应仅仅被理解为保护劳动者不受强势一方的压迫。实践主体意味着劳动者主体地位带有人类实践的深刻内涵。劳动法的立法目标应从如何促进这种实践入手，解决实践过程中可能会遇到的问题。保护劳动者不受压迫仅仅是最为基础的保障，如果将此作为最终目标未免本末倒置。最后，劳动权不是劳动的权利，而是实践的权利。从历史唯物主义角度看，劳动创造了人，劳动是人类历史实践的表现。对宪法中的劳动权的理解，也就不应局限于劳动这种表面化的活动，而是要深入实践的内在含义。

综上所述，劳动者主体地位理论不应仅停留在必要条件层面上分析探讨，还应当进一步深化，分析其充分条件的内容。虽然在社会科学领域，完全的充分条件难以穷尽，但是结合劳动立法实际，仍可以对劳动者主体地位的充分条件展开深入分析。劳动者主体地位应当注重主体的实践性、非占有性及既受结构性制约又能改变结构的能动性。

本章小结

首先，本章通过对“劳动者”一词的历时性考察，界定了本书中劳动者的含义。总体上看，劳动者的含义在我国经历了从整体到个体、从狭义到广义的变化。本章探讨的劳动者为雇佣劳动模式下个体化的受雇方，除了指传统意义上的工人以外，还包括高校教师、用人单位的管理人员及农村进城务工人员等。

其次，本章深入地分析了主体这一哲学概念。仅仅看到反对客体化的主体这一单层含义是不够的，还应当拓宽主体的研究视域，从主体与个体、主体与结构、认知主体与实践主体的角度进一步厘清主体的含义。从主体与个体角度看，主体具有更为立体的含义，更加注重主体间的关系及其与人类生活、客观世界的联系。从主体与结构角度看，主体具有能动性、创造性，并非完全受客观条件制约。当然，在主体的实现过程中，破除影响主体发挥的结构性制约也很重要。从认知主体与实践主体角度看，主体注重在实践中实现自身。人应该在实践中证明自己思维的真理性，即自己思维的现实性和力量、自己思维的此岸性。

最后，本章提出了劳动者主体地位的理论内涵。劳动者不应仅仅被视为劳动力的负载者。劳动者与劳动力的二分模式是主客二分思想在劳动关系中的投射，即认为劳动者是主体，劳动力是客体，仿佛二者可以分开。劳动者主体地位就意味着“劳动力”这一概念其实是不应割裂地存在的，二者应当统一于劳动者的实践；劳动权不是劳动的权利，而是实践的权利。劳动者的主体地位不是表现为在劳动力市场中博弈能力突出，而是强调在劳动过程中劳动者要互相团结、彼此合作，强调一种伙伴型而非买卖型的劳动关系。劳动者主体地位并不等同于权利的保护，而是要注意深层次的结构性制约。总之，劳动者主体地位应当注重主体的实践性、非占有性及既受结构性制约又能改变结构的能动性。

第三章 劳动者主体地位的表现

劳动今后可能会重新成为区分和特权的符号。①

——鲍德里亚

本章主要从三个角度分析劳动者主体地位的表现，即革命的胜利、需求的满足和对劳动过程的自主。

第一节 革命的胜利

《中国人民政治协商会议共同纲领》（以下简称《共同纲领》）第一条明确规定："中华人民共和国为新民主主义即人民民主主义的国家，实行工人阶级领导的、以工农联盟为基础的、团结各民主阶级和国内各民族的人民民主专政，反对帝国主义、封建主义和官僚资本主义，为中国的独立、民主、和平、统一和富强而奋斗。""五四宪法"的序言做了更为生动的描述："中国人民经过一百多年的英勇奋斗，终于在中国共产党领导下，在1949年取得了反对帝国主义、封建主义和官僚资本主义的人民革命的伟大胜利，因而结束了长时期被压迫、被奴役的历史，建立了人民民主专政的中华

① 让·鲍德里亚：《消费社会》，刘成富、全志刚译，南京大学出版社，2014，第153页。

人民共和国。”其第一条规定：“中华人民共和国是工人阶级领导的、以工农联盟为基础的人民民主国家”。

劳动者是作为革命的胜利者出场的，经济生活中的劳动者与政治话语中的工人阶级是同构的。这种情况主要与三种因素有关。首先，与共产党的指导思想密切相关。共产党是以马克思主义为指导思想的无产阶级政党。在《共产党宣言》中，马克思提出：“工人革命的第一步就是使无产阶级上升为统治阶级，争得民主。”① 在中国革命胜利后，毛泽东进一步提出：“人民民主专政需要工人阶级的领导。”② 资本主义社会中，作为工人的劳动者处于被剥削的地位，资本家通过榨取剩余价值掌握社会财富，进而通过政治制度的安排使工人处于被奴役的状态。面对这种情况，并不能靠空想解决问题，而是要靠代表工人阶级的共产党的革命行动解决问题。人民民主专政的社会主义国家之所以应当由工人阶级来领导，是因为在资本主义社会，工人阶级受到了最深重的压迫，而这也将工人阶级锻造成了最坚决、最彻底的革命力量。

其次，与苏联的宪法理论有关。在《三种宪法或三种国家制度》《无产阶级革命和叛徒考茨基》等文中，列宁指出，宪法要为国家政权服务、宪法的实质在于表现了阶级斗争中各种力量的实际对比关系，强调工人、农民的政治地位的重要性。③ 这是区别于资产阶级国家宪法的显著标志。社会主义国家的法律架构为工农阶级中的先锋队提供了组织形式。“7 月间批准的这部苏维埃宪法，不是哪个委员会的臆造，不是法学家们的杜撰，也不是对别的宪法的抄袭……这部宪法记载了无产阶级群众反对国内和国际剥削者的斗

---

① 《马克思恩格斯文集》第二卷，人民出版社，2009，第 52 页。

② 《毛泽东选集》第四卷，人民出版社，1991，第 1479 页。

③ 韩大元主编：《中国宪法学说史研究》，中国人民大学出版社，2012，第 269~270 页。

争经验和组织经验。”① 列宁认为，宪法是阶级斗争的产物。也就是说，宪法是随着阶级斗争在历史中的发展及阶级矛盾的成熟而出现的。

最后，与我国历史发展有关。中国共产党的革命道路是农村包围城市，从国民党统治力量最薄弱的地区入手，发展革命力量，逐步包围中心城市。同时，中国共产党坚持走群众路线，即团结数量最多、受压迫最深的人民群众来同国民党当权派作斗争。在众多团结对象中，工人阶级有比较充分的理由成为革命的中坚力量。第一，中国工人阶级受到帝国主义、封建主义和资本主义三重压迫，是革命最坚决、最彻底的阶级。第二，中国工人阶级走向革命舞台的时间较早，没有像欧洲工人阶级那样受到改良主义的影响，革命觉悟较高。第三，中国工人阶级大多数来自农村，与农民有着天然密切的联系。这可以扩展工人阶级的联合能力，与大多数人形成牢固的联盟。②

为了巩固和保障革命斗争的胜利果实，并为过渡到社会主义社会奠定基础，推动社会主义的建设和发展，工人阶级的地位变得更加重要。1954 年，《关于中华人民共和国宪法草案的报告》明确指出，我国宪法就是工人阶级领导的，以工农联盟为基础的宪法。在工人阶级领导的人民革命胜利后，不是建立资产阶级专政的共和国，而是一定要建立工人阶级领导的，以工农联盟为基础的人民民主专政共和国。③ “五四宪法”规定：国家要对暂时存在的资本主义工商业“采取利用、限制和改造的政策。国家通过国家行政机关的管理、国营经济的领导和工人群众的监督，利用资本主义工商业的有利于国计民生的积极作用，限制它们的不利于国计民生的消极

① 《列宁全集》第三十五卷，人民出版社，1985，第 145 页。
② 许崇德主编：《宪法学（中国部分）》，高等教育出版社，2000，第 145 页。
③ 许崇德：《中华人民共和国宪法史》，福建人民出版社，2003，第 18 页。

作用，鼓励和指导它们转变为各种不同形式的国家资本主义经济，逐步以全民所有制代替资本家所有制”。这样一来，即便是在资本主义雇佣劳动制度下工作的工人，也不再像之前那样被压迫、剥削，而是拥有了主人翁的地位。

可以说，中华人民共和国成立初期，劳动者以革命的胜利者姿态登上了历史舞台，这宣示了社会主义不再是一种学说，而是正在实现的现实。革命的胜利不仅意味着劳动者的权利获得了保障，还意味着一种新的生产方式的出现。这种生产方式将消除资本主义生产方式不可避免地导致的剥削问题。需要注意的是，劳动者政治向度的解放与人的解放，二者不能简单地画等号。也就是说，剥削的消灭并不等同于异化的消失。

实现了主地地位的劳动者面临着如何参与社会主义建设的问题。苏联主张借鉴资本主义的劳动组织方式。列宁最先将泰勒制引入社会主义建设，认为资本主义的泰勒制既是资产阶级剥削最巧妙的手段，又包含一系列最丰富的科学成就，如分析劳动中的机械动作、省去多余的步骤、制定最适当的工作方法、实行最完善的计算和监督方法。为了最大化地提高生产率，苏联开始组织劳动竞赛。最为著名的就是斯大林时期的斯达汉诺夫运动。斯达汉诺夫是一名采煤工，曾经一天内采煤 102 吨，超过当时定额 30 倍。1935 年全苏斯达汉诺夫工作者第一次会议强调，斯达汉诺夫运动的意义在于表现社会主义竞赛的新阶段。打破旧的技术定额，超越资本主义国家的劳动生产率，有助于苏联巩固社会主义。①

苏联的生产模式对我国产生了深刻影响。在计划经济体制下，苏联模式的主要特征是动员。我国经济建设也基本采用大动员模式，以促进劳动生产率的提升。1952 年至 1957 年，我国工业总产

① 《斯大林选集》下卷，人民出版社，1979，第 374~376 页。

值平均年增长率为25.7%；1957年至1965年，我国工业总产值平均年增长率为12.3%。① 大动员对这种高速增长发挥了很大作用。“从1950年至1960年这10年间，党和政府召开过四次大规模的全国性的劳模代表会议，共表彰6510个先进集体和11126名先进个人。”② 计算下来，平均每年产生一百余个先进集体和一千余名先进个人。树典型、树榜样起到了三种作用：带头作用、骨干作用和桥梁作用。③ 我国各行各业涌现出许多提高生产率的方法，如“郝建秀细纱工作法”“王崇伦快速切割法”“张淑云工作法”“姜万寿工作法”“刘景贵工作法”“马六孩快速掘进法”“苏长有砌砖法”等。④ 一批纪律性强、组织程度高的产业工人成长了起来。

在这种动员、运动、激励的模式下，生产动员、劳动竞赛成为主要方式。总体上看，增产与节约成为重要的发展手段。1958年11月9日《人民日报》第1版刊载的《加强工厂夜班的政治工作、华安机械厂党政工团建立三班工作制——夜班工人思想、生活问题及时解决，生产效率大大提高》写到，该厂为提高夜间工作效率，激励职工情绪，采用了锣鼓、快板、喊话、送贺信、报喜队等十多种宣传形式。

第二节　需求的满足

十一届三中全会确立了全党解放思想、实事求是的路线，把国家的工作重点转移到社会主义现代化建设上来。十一届三中全会公

① 国务院全国工业普查领导小组办公室、国家统计局工业交通物资统计司编：《中国工业经济统计资料（1986）》，中国统计出版社，1987，第117页。
② 齐燕庆：《中国劳模现象的历史及其沿革》，《理论前沿》1996年第9期。
③ 孙云：《中共英模表彰制度的肇始及演变》，《党的文献》2012年第3期。
④ 林超超：《动员与效率：计划体制下的上海工业》，上海人民出版社，2016，第51页。

报写道：“我们能否实现新时期的总任务，能否加快社会主义现代化建设，并在生产迅速发展的基础上显著地改善人民生活，加强国防，这是全国人民最为关心的大事。”邓小平指出：“社会主义阶段的最根本任务就是发展生产力，社会主义的优越性归根到底要体现在它的生产力比资本主义发展得更快一些、更高一些，并且在发展生产力的基础上不断改善人民的物质文化生活……社会主义要消灭贫穷。贫穷不是社会主义，更不是共产主义。”① “社会主义的目的就是要全国人民共同富裕，不是两极分化。如果我们的政策导致两极分化，我们就失败了；如果产生了什么新的资产阶级，那我们就真是走了邪路了。”②

1978 年，十一届三中全会指出，计划工作要重视价值规律；1979 年，五届全国人大二次会议指出，要建立计划调节和市场调节相结合并以计划调节为主的体制；1981 年，十一届六中全会提出，要在公有制的基础上实行计划经济，同时发挥市场调节的辅助作用；1982 年，十二大提出计划经济为主，市场调节为辅；1984 年，十二届三中全会提出有计划的商品经济；1987 年，十三大提出国家调控市场，市场引导企业，市场是全面覆盖的，否定了“主辅论”；1992 年，十四大提出建立社会主义市场经济体制；1993 年，十四届三中全会通过《中共中央关于建立社会主义市场经济体制若干问题的决定》，确立了社会主义市场经济体制框架。③ 在这一背景下，乔石说：“现有的劳动力，要作为一种资源充分利用，否则就是极大的浪费。”④

随之而来的是我国物质生活水平有了较大提高，大中城市呈现

---

① 《邓小平文选》第三卷，人民出版社，1993，第 63~64 页。
② 《邓小平文选》第三卷，人民出版社，1993，第 110~111 页。
③ 杨继绳：《中国当代社会阶层分析》，江西高校出版社，2011，第 33~34 页。
④ 乔石：《乔石谈改革与发展》，人民出版社，2017，第 335 页。

出不断增长的物、服务和物质财富的堆积。然后，隐患也产生了。在鲍德里亚等人看来，以物的大规模消费为特征的社会不仅会改变人们的日常生活，还会改变人们的社会关系和生活方式，乃至世界观、人生观、价值观，最终使人的存在方式发生根本改变。这种观点的一个基本假设就是人是经济动物，该假设反映了把世界看成由被动的、无生命的物质构成的世界观。当用这种抽象的方式看待人类时，无限度地改善人的物质生活条件的欲望就被看成人的内在本性。人变成被动的享乐接受者①，需要足够的食物、住所、技术设备和性刺激。从根本上说，人是具有创造性的存在物，每一个人都体现了创造的能量。② 如果忽视了人的创造性，那么就不可能有对能促进人的尊严的制度性建设的思考。邓小平说："我们为社会主义奋斗，不但是因为社会主义有条件比资本主义更快地发展生产力，而且因为只有社会主义才能消除资本主义和其他剥削制度所必然产生的种种贪婪、腐败和不公正现象。"③

根据国家统计局的统计，1978 年我国 GDP 为 3678.7 亿元，1990 年为 18872.9 亿元，2000 年为 100280.1 亿元，2010 年为 412119.3 亿元，2014 年为 643563.1 亿元。④ 不过，经济的高速发展也伴随着不少劳动争议。我国劳动争议案件实行仲裁前置程序，用人单位与劳动者之间的纠纷必须先经劳动争议仲裁机构裁决。裁决后，若有一方不服，才能诉至法院。所以，仲裁机构的统计数据能够真切地反映劳动争议的情况。根据相关统计，2012 年的劳动

---

① 大卫·雷·格里芬编：《后现代精神》，王成兵译，中央编译出版社，1998，第 222 页。

② 大卫·雷·格里芬编：《后现代精神》，王成兵译，中央编译出版社，1998，第 223 页。

③ 《邓小平文选》第三卷，人民出版社，1993，第 143 页。

④ 数据参见中华人民共和国国家统计局网站，http://data.stats.gov.cn/ks.htm?cn=C01&zb=A0501，2024 年 4 月 20 日访问。

争议数量是 1987 年的近 270 倍。① 从趋势角度可以看出，劳动者在经济建设过程中受到的摩擦力还是很大的。此外，还存在一些未进入法律程序的劳动权益事件。虽然没有工业革命早期工厂中虐待、打骂等侵犯劳动者人身权利的行为，但生产过程的压抑有时可能还是会把劳动者压垮。马克思曾评论道："劳动本身，不仅在目前的条件下，而且就其一般目的仅仅在于增加财富而言，在我看来是有害的、招致灾难的。"② 虽然最低工资在连年上涨，劳动者工资水平比计划经济时代有大幅度提高，但如果只是把工人当作通过劳动产生价值的物，忽视劳动者作为人的身份和尊严，无论是从劳动者个人角度还是从社会整体角度看，都是不正确的。

综上所述，改革开放后，人们的物质生活需求基本得到了满足。但需要强调的是，并不能将这种丰富性等同于主体地位的实现。一方面，消费社会使人面临物化的境地；另一方面，片面强调经济的发展有可能削弱劳动者权利保护的根基。

第三节　对劳动过程的自主

市场规模的扩大、技术的进步使生产方式经历了从小规模生产到大规模生产再到精益生产的变化。与此相对应，劳动组织的方式也经历了从学徒制到泰勒制再到团队作业的变化。后福特制经济的转变首先发生在日本汽车行业。1950 年，丰田英二到底特律的福特工厂进行了为期三个月的访问。虽然福特工厂产量很高，但丰田英二经过详细了解，发现福特工厂的生产方式存在很多弊端。经过

---

① 刘强：《劳动的力本主义与人本主义——以工时制为分析对象》，《西部法学评论》2018 年第 2 期。

② 马克思：《1844 年经济学哲学手稿》，人民出版社，2000，第 13 页。

二十多年的试验和努力，丰田公司发展出以“即时生产”（JIT）为核心的生产体系，即“精益生产”。后福特制是指根据市场需求，多品种、小批量和大规模地制造客户需要的产品，同时通过持续不断的技术改进和全面的质量管理，逐步消除生产过程中一切可能的浪费，实现零部件及产品的零缺陷和零库存。与传统生产方式相比，这种生产方式用更少的人力资源、制造空间、设备投资和产品创新时间，获得了更低的库存、更少的次品和更多样化的产品。[①] 后福特制的基本特征可以被概括为“持续创新+柔性创造”和“专业化+网络化”。后福特制一方面要求企业高效地整合内部资源以实现生产柔性化；另一方面要求企业依托自身核心业务及能力，迅速整合外部资源或通过合作满足市场需求。美国曾提出“敏捷制造”（Agile Manufacturing）这一概念，其核心就是“采用可以快速重构的生产单元构成的扁平组织结构，以充分自治的、分散式的协同工作代替金字塔式的多层管理结构，注重发挥人的创造性”[②]，强调竞争和共赢共存。网络化的结构是后福特制的基本组织形态。为了实现持续创新、柔性创造的目标，企业的组织结构也势必会发生变化，如减少管理的中间层次，使基层工作人员拥有更广泛的控制权。信息技术的广泛运用也使得决策所需信息的获得和传递更为容易，从而使从事信息筛选和传递的管理人员变得多余。职能部门和组织单元之间的界限越来越模糊。在许多情况下，工作由项目团队完成，而且越来越多的工作由组织内部临时建立的小组或团队完成。[③] 后福特制强调网络化而非科层化的生产模式，主张培训员工

---

① 刘刚等：《后福特制：当代资本主义经济新的发展阶段》，中国财政经济出版社，2010，第 9 页。

② 刘刚等：《后福特制：当代资本主义经济新的发展阶段》，中国财政经济出版社，2010，第 14 页。

③ 刘刚等：《后福特制：当代资本主义经济新的发展阶段》，中国财政经济出版社，2010，第 15 页。

多方面技能，充分挖掘并发挥员工潜力。从经济层面看，“团队合作的共享式解决问题方式，适应了知识经济对企业知识创新能力的要求，使企业在面对不确定市场环境时能够实现持续创新，保持和获得持续竞争优势”①。劳动者不再被动地听候差遣，而是被赋予一定职权和自由度。

泰勒制和福特制被一些工业社会学家称为低信任体制：工作由管理方确定，并且要服从机器；执行劳动任务的人受到严密监督，没有多少行动自主性；为了保持纪律和高质量的生产水准，员工持续受到各种监控体系的监视。后福特制则属于高信任体制，即允许工人控制劳动的速度甚至内容。以精益生产为代表的后福特制是一种柔性的生产体制。它通过内部劳动组织和工艺流程的革新，依靠工作团队的集体智慧，在组织内部形成共享式的问题解决方式，构建共同的知识基础，从而促进信息和知识的交流与共享，提升企业的快速反应能力和创新能力。

不过，对后福特制，我们必须采取辩证的眼光。后福特制在生产领域的表现主要是团队生产、攻关小组、多重任务、小众营销等。表面上看，这些方式赋予了劳动者较大的主动性，但这种自主性始终围绕着工作展开，已经预设了劳动的价值或目标就是精益工作。如果说原先的生产方式给人们造成的负面影响集中体现在肉体方面，那么这种新型生产方式的影响则体现在精神方面。法国劳动条件委员会对后福特制给员工造成的精神影响进行过研究，指出：“诸如工作圈、表达小组等管理方式看起来使公司变得平易近人，但其只对表现出色的人予以表彰，结果是使人人处于不稳定状态之中。这产生了许多负面影响，如沮丧、孤僻和想尽办法超越别人。”

① 刘刚等：《后福特制：当代资本主义经济新的发展阶段》，中国财政经济出版社，2010，第 97 页。

将来，精神危机甚至会成为旷工的主要原因。① 在泰勒制下，只要你是工人，就可以一直当工人，没有太多的竞争压力。在后福特制下，劳动者常会因担心表现得不够出色、不能够完成要求等变得沮丧或抑郁。

意大利哲学家保罗·维尔诺认为，后福特制时代，劳动时间和非劳动时间在性质上缺乏差别，劳动与人类的其他活动不再有清晰的界限。② 后福特制中，知识所起的作用和渐成次要的劳动时间之间的不均衡催生了新型的、稳固的权力形式。后福特制推崇的团队、合作、共赢表面上营造出了一种共同体，实际上更深层次地瓦解了团结的根基。在这种制度下，人民（People）变成了诸众（Multitude）。诸众具有混合性、流动性、突变性和去疆域性，它是自然状态在公民社会的回流。③ 也就是说，后福特制逐渐瓦解了劳动者之间感情的纽带。在现代国家形成之前，普罗大众之间存在着历史的、血缘的、文化的联系，而非一种彼此封闭的原子之间的联系。后福特制下的这种“回流”淡化或去除了一切原先附着在诸众身上的关系，在将劳动者彻底原子化后，又试图重新锻造一种有利于生产的纽带。这种强制性重构实际上割裂了人与人之间的自然联系，通过片面化的方式窄化了人的生存意义。

后福特制的背后隐藏着资本主义的策略性构序。它是一种无所不在的权力在生产过程中对劳动者的塑形与规训。这种无所不在的权力是福柯标示的资本主义社会的权力特征，旨在强调其与传统专制政治的外部暴力不同。资产阶级的权力不再是某种可见的，能被

---

① Daniel Cohen, *Our Modern Times: The New Nature of Capitalism in the Information Age*, translated by Susan Clay and Daniel Cohen（London: The MIT Press, 2003）, pp. 38-39.

② 保罗·维尔诺：《诸众的语法：当代生活方式的分析》，董必成译，商务印书馆，2017，第134页。

③ 保罗·维尔诺：《诸众的语法：当代生活方式的分析》，董必成译，商务印书馆，2017，第13页。

直接把持的事物，而是一种精心布展、无法直观的力量关系序链。后福特制避免与劳动者发生直接的对抗，而是通过微观的、柔性的、自然的方式构境出一种“应然理论”，进而驯服、开发和利用劳动者。其中无疑存在着“对肉体的经济使用”的政治场。① 从更为根本的层面看，这涉及生命权力。与封建时代专制权力那种面向死亡的消极而悲惨的情景不同，也与泰勒制下机器般运转的生活不同，后福特制下资本主义的权力支配方式发生了显著的改变。后福特制不再使人直接面对死亡，转而关注让人怎样活着。恰恰在怎样活着的层面上，资本主义社会的权力悄悄地控制、塑造着人的生命。表面上看，这种干预是为了提高劳动的意义和价值，实际上却让人在更深层次上的存在构境中生不如死。这正是资产阶级权力毛细血管化的结果，正如斯洛特戴克指出的，“让发号施令者似乎进入了听从命令者的身体内部，这样一来，听从命令者的服从和让步看起来就好像是听从了某种内心的声音一样”②。

本章小结

对劳动者主体地位的实现，可以从三个方面展开分析。

首先，主体地位不等于革命的胜利。劳动者政治向度的解放与人的解放，二者并不能简单地画等号。在经济建设过程中，不能把劳动者视为发动机般的客体。劳动者主体地位的落实，离不开相应的制度约束。

其次，主体地位不等于需求的满足。改善人民生活水平是很重

① 张一兵：《回到福柯——暴力性构序与生命治安的话语构境》，上海人民出版社，2016，第 349 页。

② 彼德·斯洛特戴克：《资本的内部——全球化的哲学理论》，常晅译，社会科学文献出版社，2014，第 87~88 页。

要的，但如果完全局限于此，则会引发一些问题。不能用抽象的方式看待人类，把无限度地改善人的物质生活条件的欲望看成人的内在本性。对物质利益的片面强调，可能导致劳动法律制度建设存在不足。在这种视角下，劳动者容易被虚置为消费机器。

最后，主体地位不等于对劳动过程的自主。保罗·维尔诺认为，后福特制时代，劳动时间和非劳动时间在性质上缺乏差别，劳动与人类的其他活动不再有清晰的界限。后福特制这种“自由”的、“发挥人的潜能”的生产方式，并没有带来“解放”。以生产自主者身份出场并不意味着主体地位的实现。自主仅仅是能动的表现，而在如何能动、为什么能动等问题上，自主并不能给出回答。

第四章　劳动者主体地位出现虚置现象的原因

在所谓分配问题上大做文章并把重点放在它上面，那也是根本错误的。消费资料的任何一种分配，都不过是生产条件本身分配的结果；而生产条件的分配，则表现生产方式本身的性质。①

——马克思

如果忽视劳动伦理，遮蔽劳动的人学维度，就很容易把劳动者与劳动力相分离，把劳动权与就业权相混淆，同时使劳动法的社会法属性虚化。

第一节　劳动者与劳动力相分离

无论是革命的胜利、需求的满足还是对劳动过程的自主，劳动力都不能分离于劳动者。

历史的发展表明，人类确实可以根据不同的原因使劳动力与劳动者分离，这样既有助于创造物质财富，也便于管理。但一个经验命题并不能证成一个应然命题，将劳动者与劳动力分离的原因并不能当然地成为分离的理由。

① 《马克思恩格斯全集》第二十五卷，人民出版社，2001，第 20 页。

社会学家霍曼斯认为："一个从经验事实归纳出的命题仅仅只是描述了关系，只有在它也能从一般性命题逻辑推演出来时，才算是得到了解释。"① 仅仅从功能论的角度出发并不能证成命题。原因只有从一般性命题中推演出来，才能成为理由。理由是经过正当化处理的原因。原因仅仅是事实层面的描述，理由则是规范层面的证成。比如，当讯问犯罪分子为什么杀人时，他可能回答因为缺钱或报仇。缺钱或报仇是他实施犯罪的原因，是他的犯罪动机，并不能成为他杀人的理由。缺钱或报仇不能使他杀人的行为正当化。由此可见，原因带有经验性，理由则带有规范性。

从更为根本的层面看，原因与理由的本质差别就是自然科学和人文科学的差异。自然科学通过实证主义的方法对客观世界进行研究分析，发现不以人的主观意志为转移的客观规律。所以，自然科学领域的思维逻辑是探寻经验事物本身的原因，即事物何以如此。实证主义哲学家孔德指出："一切科学知识必须建立在来自观察和实验的经验事实的基础上，经验是知识的唯一来源与基础。"② 人文科学的思维逻辑与此不同，更注重人的价值性。人在精神层面的创造与发挥是人文科学的研究重点。卡西尔的"人是符号的动物"，说的就是这个道理。新康德主义哲学家文德尔班极力强调事实世界与价值世界的不同，强调事实命题与价值命题的区别。如果说自然科学研究的是关于"真"的问题，那么人文科学作为研究价值问题的科学，研究的是关于"善""美"的问题。"从根本上说，生活是对价值领域自身的探索，而不仅仅是生产给定的价值。"③ 正当性是人文科学应考虑的。寻求正当性的方法不是事实归纳，而是价

① 宋林飞：《西方社会学理论》，南京大学出版社，1997，第 168 页。

② 夏基松：《现代西方哲学（第二版）》，上海人民出版社，2009，第 20 页。

③ 弗兰克·奈特：《经济学的真理》，王去非、王文玉译，浙江大学出版社，2016，第 64 页。

值演绎。“对于人文科学来说，其任务是理解人的行为和表现，理解艺术作品、哲学、宗教以及在政治和经济组织领域的各种人类创造，发扬它们的内涵。人文科学不能记录和测量被观察的事实；它必须理解生活的种种表现。”① 法学作为一门人文学科，要寻求应然意义上的正义，并非完全为外部世界所限定。既然“法律旨在创设一种正义的社会秩序”②，那么，劳动者与劳动力的关系就应当符合规范性的正义的要求。

从应然的角度讲，劳动者与劳动力不应分离。“市场体系在处置一个人的劳动力时，也同时在处置附在这个标识上的生理层面、心理层面和道德层面的实体‘人’。如若被剥夺了文化制度的保护层，人类成员就会在由此而来的社会暴露中消亡。”③ 阿马蒂亚·森强调经济学应该关注现实的人，而不是被模式化为单纯的、固执的且不受道德情操干扰的人。④ 人类的生活是多向度的综合，而不是可被通约为经济活动的单向度的存在。《费城宣言》也指出，劳动不是商品。将劳动囊括进市场机制，就意味着使社会生存本身屈从于市场的法则，而劳动是人类社会实践的一个面向，它不可能与人的生活割裂开来而不损害人的尊严。资本主义的发展使得人类的经济面貌大为改观，其中发挥重要作用的就是劳动分工体系。贝尔指出，社会分工高度的专业化、专门化不可避免地在文化和社会结构之间制造了一种令人难以忍受的紧张局面。⑤

① H. 科殷：《法哲学》，林荣远译，华夏出版社，2002，第 83 页。

② E. 博登海默：《法理学：法律哲学与法律方法》，邓正来译，中国政法大学出版社，2004，第 332 页。

③ 卡尔·波兰尼：《大转型：我们时代的政治与经济起源》，冯钢、刘阳译，浙江人民出版社，2007，第 63 页。

④ 阿马蒂亚·森：《伦理学与经济学》，王宇、王文玉译，商务印书馆，2014，第 7～8 页。

⑤ 丹尼尔·贝尔：《资本主义文化矛盾》，赵一凡、蒲隆、任晓晋译，生活·读书·新知三联书店，1989，第 143 页。

也就是说，人的生活并非完全等同于经济生活。人的道德、文化、政治生活等不应依附于经济生活。人总是以个体生命的感性形式具体地存在着，在由多方面、多层次、多结构的生命需要和生命能力决定的无比丰富的活动中，体验和确证着具有丰富个性的人的存在。很多深刻的经济变化其实是人类非经济动机和愿望的结果。探索人类动机基础的研究者应该不会忘记凯恩斯的名言：如果人的天性不愿意冒险，除利润之外对建设工厂、铁路和开矿本身丝毫不感兴趣，那么，纯粹作为冷静计算而进行的投资就不会有很多了。① 这从侧面反映了经济应当服务于人的生活。需要强调的是，这里的人包括所有人，而非个别的集团或阶级。也就是说，不应当仅让掌握大量资产的一部分人体会创业、投资的乐趣，而将其他人当作工具。在与资本讨价还价的过程中，劳动者表面上与工资建立起了等价关系。这种体现于个人（劳动者）、国家和法律尊严之间的等价关系，不仅掩盖了资本主义制度的剥削本质，也掩盖了劳动者与其所在阶级的共同特点，以及可能形成阶级团结的基础——剥削。资本主义将劳动力从劳动者身上分割出来而使之成为商品，这就导致了马克思所批评的异化劳动。异化最终累及的是人类本身。马克思指出："异化劳动把自主活动、自由活动贬低为手段，也就把人的类生活变成维持人的肉体生存的手段。"② 活动是人的发展方式，人的存在和发展的全面性取决于活动的丰富性。活动在多大程度上给人提供了表现生命能力的可能性，就在多大程度上对人的发展有意义。马克思的活动理论不但讲究活动的结果、目的的实现，而且注重活动的过程、条件和形式。"劳动和整个生命过程、身体机能一样，是人类个人不能转让的财产。体力和脑力不能从占

① W. W. 罗斯托：《经济增长的阶段：非共产党宣言》，郭熙保、王松茂译，中国社会科学出版社，2001，第 3 页。

② 《马克思恩格斯文集》第一卷，人民出版社，2009，第 163 页。

有者的身上分离出来。”①

综上所述，劳动者与劳动力不应当分离，二者是人类本身同一性的不同面向。将二者分离虽然客观上能产生大量的物质财富等，但无疑会导致劳动者主体地位的虚置，结果是只见劳动不见人。

第二节 劳动权与就业权相混淆

从表面上看，劳动权是宪法规定的基本权利，而就业权是该基本权利的具体化，劳动就是就业。但其实这没有从根本上理解劳动权，将劳动权与就业权混淆了。

一、完全就业

中华人民共和国成立初期，面临的严重问题之一就是失业。当时的政策是稳定就业，减少失业。例如，对原国民党政府遗留下来的公职人员实行“包下来”政策。对有利于国计民生的私营工商业，实行“公私兼顾、劳资两利”政策。1949 年 9 月 24 日，中共中央发出《关于旧人员处理问题的指示》，提到在新接收的城市中，对旧人员的处理应十分慎重。除少数战犯、特务及劣迹昭著的分子以外，旧人员基本会被留用。虽然这在财政上必然会带来很大困难，但在政治上却十分必要。

当时，关于劳动的意义主要是强调自食其力、不剥削别人。《共同纲领》第七条指出，对于一般的反动分子、封建地主、官僚资本家，在解除其武装、消灭其特殊势力后，仍须依法在必要时期内剥夺他们的政治权利，但同时给以生活出路，并强迫他们在劳动

① 哈里·布雷弗曼：《劳动与垄断资本》，方生等译，商务印书馆，1978，第 50 页。

中改造自己，成为新人。将劳动作为改造的手段，就是反对旧势力的不劳而获的剥削行为。“五四宪法”第十六条强调，劳动是中华人民共和国一切有劳动能力的公民的光荣的事情。国家鼓励公民在劳动中的积极性和创造性。劳动光荣，不劳动可耻。社会物质财富的增长必须依靠劳动，有劳动能力的人不付出任何劳动，仅凭借资本来获得剩余价值的行为是剥削行为。不过，这也在某种程度上容易让劳动变成手段，从而使劳动权缺乏独立性。

二、充分就业

中共十三大首次系统地论述了“社会主义初级阶段”这个概念。总的来说，社会主义初级阶段是逐步摆脱贫穷、摆脱落后的阶段；是由农业人口占多数的手工劳动为基础的农业国，逐步变为非农业人口占多数的现代化的工业国的阶段；是由自然经济半自然经济占很大比重，变为商品经济高速发展的阶段。① 市场经济下的就业模式需要打破固定僵化的就业模式。从 1980 年起，国家逐渐摒弃“统包统配”的就业办法，开始实行“劳动者自主就业、市场调节就业、政府促进就业”的就业方针。

1992 年，邓小平在南方谈话中说：“要坚持党的十一届三中全会以来的路线、方针、政策，关键是坚持‘一个中心、两个基本点’。不坚持社会主义，不发展经济，不改善人民生活，只能是死路一条。基本路线要管一百年，动摇不得。”② 邓小平对是否坚持发展除公有制外的其他类型的经济，提出了“三个有利于”的判断

① 陈雪薇主编：《十一届三中全会以来重大事件和决策调查》，中共中央党校出版社，1998，第 408~409 页。

② 陈雪薇主编：《十一届三中全会以来重大事件和决策调查》，中共中央党校出版社，1998，第 471 页。

标准，即是否有利于发展社会主义社会的生产力，是否有利于增强社会主义国家的综合国力，是否有利于提高人民的生活水平。① 其中，第一条比较概括，后两条比较直观。三者的关系是总分关系。判断是否有利于社会主义社会生产力的提升，要看综合国力与人民生活水平是否提升。如果后两者提升了，那生产力就提升了。南方谈话后不久，全国各地纷纷表态要加快经济建设。广东提出 20 年赶上亚洲“四小龙”；上海提出赶超广东；山东提出“80 年代看广东，90 年代看浦东，2000 年看山东”。② 经济的快速发展离不开安定的政治环境、稳定的社会环境、高素质的劳动者。GDP、社会平均工资、就业率、失业率等可量化的指标亦成为我国各级政府工作报告重点统计的数字。

在经济发展的背景下，经济建设在一定程度上似乎变成最大化地使用劳动力。如何充分利用劳动力？在市场经济模式下，主要指不断增加就业，达到充分就业的状态。部分失业在某种程度上甚至是有好处的，能反映经济运行态势，刺激劳动者学习新技能，提升劳动禀赋。我国宪法规定，中华人民共和国公民有劳动的权利和义务。劳动是一切有劳动能力的公民的光荣职责。需要指出的是，不能把劳动权仅仅等同于不同经济模式下的就业。

三、体面就业

随着社会的进一步发展，劳动权开始意味着体面就业。体面就业思潮可以追溯至《公民权利及政治权利国际公约》。K. 德罗兹维基认为，工作权和就业中的权利不仅构成社会—经济权利的核心内

① 《邓小平文选》第三卷，人民出版社，1993，第 372 页。

② 陈雪薇主编：《十一届三中全会以来重大事件和决策调查》，中共中央党校出版社，1998，第 476 页。

容，也是基本人权。依照传统但狭义的理解，劳动是谋生的一种手段，换言之，是经济生存的一种手段。20世纪初期，有两种关于劳动的观点得到广泛发展。第一种观点强调了劳动条件、社会公正和普遍和平之间的相互依存。第二种观点体现了现代视角的发展趋势，强化了劳动作为人的价值、社会需求及自我实现和人格发展的方法概念。① 我国宪法规定，国家通过各种途径创造劳动就业条件，加强劳动保护，改善劳动条件，并在发展生产的基础上提高劳动报酬和福利待遇。

在1999年第八十七届国际劳工大会上，国际劳工局局长作了题为《体面劳动》的报告，提出把"促进男女劳动者在自由、公正、安全和具备人格尊严的条件下获得体面的、生产性的工作机会"作为"国际劳工组织当前的首要目标"，并且把权利、就业、社会保护、社会对话作为实现体面劳动的四项战略目标。② 体面劳动是国际劳工组织为了应对经济全球化的挑战，消除其带来的消极影响，促进社会公平和正义而提出的。进入21世纪，我国劳动法学界开始关注劳动权的内涵，劳动权与体面就业就此被联系起来。总体上看，体面劳动把较为成熟的劳动保护制度等也纳入劳动权范畴，拓宽了"劳动就是工作"这种狭隘的理解。有学者认为，劳动权是劳动法上的劳动者享有的与资方平等自由地订立劳动契约，通过让渡自身的劳动力使用权以获取工资报酬的权利。它包括劳动者的就业择业权、劳动力市场交易权、劳动契约缔结权等。劳动者在向资方提供劳动给付的过程中，作为合同当事人享有获得工资报酬的契约权利，作为劳动者则享有人格尊严权、人身安全与健康权、

① A. 艾德、C. 克罗斯、A. 罗萨斯：《经济、社会和文化的权利》，黄列译，中国社会科学出版社，2003，第254页。

② 《国外理论动态》记者：《体面劳动：当前国际劳工界关注的焦点——钱大东研究员访谈》，《国外理论动态》2009年第5期。

休息权、财产权、社会保障权、结社权等基本权利。[①] 这种对劳动权的定义追求一种大而全的囊括，虽然表面上有助于对劳动者的保护，但在思维上仍旧陷入了如何就业、如何工作的困境。

劳动权与就业权混淆带来的后果就是劳动者主体地位出现虚置现象。完全就业、充分就业、体面就业虽然含义不完全相同，但本质上都从属于就业，是就业权的不同表现形式。就业权凭借易于量化的特性成为劳动权的代名词。在完全就业的情况下，劳动权所包含的人自身能力自由实现的内容比较容易被忽视。[②] 在充分就业的情况下，劳动者实现自身能力的方式有所提高，积极性、主观能动性被调动了起来。但是这种实现方式容易将劳动者原子化为商品，把劳动者的欲求视为分配性的欲求。劳动者只是拥有不断出卖自身的自由，并不拥有是否出卖自身的自由。[③] 在体面就业的情况下，劳动者可能因满足于更加人道的劳动条件、更加有效的劳动团结和更加殷实的劳动保障而放弃对劳动与人的关系问题的深入思考。

劳动权与就业权是完全不同的权利，二者不应混为一谈。就业权是在某一历史时期，国家保障人们通过劳动获得生存、发展的手段性权利。这种权利当然很重要，但并不能取代劳动权。在马克思主义视域下，劳动权从根本上说是自由劳动的权利。

第三节　劳动法的社会法属性虚化

为什么要制定劳动法？劳动法的性质、原则、目标是什么？对

---

① 秦国荣：《劳动权的权利属性及其内涵》，《环球法律评论》2010 年第 1 期。

② 亚历山大·格申克龙：《经济落后的历史透视》，张凤林译，商务印书馆，2009，第 333～336 页。

③ 乔石：《乔石谈改革与发展》，人民出版社，2017，第 451 页。

劳动法的法律属性认知不深刻，会导致缺乏一以贯之的法律价值。劳动者的主体地位于是会被不同角度的理解栅格化。

一、法学界对社会法的独立性未达成共识

现行《劳动法》是1994年7月5日由第八届全国人民代表大会常务委员会第八次会议通过，并于1995年1月1日起实施的。《劳动法》的出台意味着中国劳动法治建设走上了新台阶，中国特色社会主义法律体系更加健全。党的十四届三中全会通过的《中共中央关于建立社会主义市场经济体制若干问题的决定》明确指出，要“改革劳动制度，逐步形成劳动力市场”，“形成用人单位和劳动者双向选择、合理流动的就业机制”。劳动法的基本精神是建立和维护适应社会主义市场经济的劳动制度。但对何为市场经济的劳动制度、这种制度的性质及其与宪法的关系等问题，需要进一步明晰。

从形式上看，劳动法被定位为社会法。20世纪80年代以前，我国法学界在辞书、译著、专著中对社会法进行过简单介绍。1993年通过的《中华人民共和国宪法修正案》规定“国家实行社会主义市场经济”，此后法学家才开始深入研究社会主义法律体系。中国社会科学院法学研究所课题组在1993年完成的《建立社会主义市场经济法律体系的理论思考和对策建议》中提出，我国社会主义市场经济法律体系框架由民商法、经济法、社会法三大块构成。九届全国人大四次会议指出，常委会要根据立法工作的实际需要，初步将有中国特色的社会主义法律体系划分为七个法律部门，即宪法及宪法相关法、民法商法、行政法、经济法、社会法、刑法、诉讼及非诉讼程序法。这是我国最高立法机关首次把社会法列为法律体

系中的一个法律部门。①

学界对社会法的性质理解不一。有的学者认为，社会法包括若干法律部门和法律，它们的调整对象各自独立。社会法没有自己独特的性质和明确的调整对象，因此不是一个法律部门，而只是法的一个领域。② 有的学者认为，社会法不是一个独立的法律领域，而是在特殊价值下对传统法律关系的一种调整，与公法、私法并不是并列关系。③ 认识的分歧也使得对劳动法的定性出现分歧。有观点认为，劳动具有社会性质，我国劳动法有其独特的调整对象和调整方法，强调社会主义劳动制度的本质及其优越性。④〗有观点认为，社会法是现代社会的产物，其起源的线索与劳动法有着截然不同的差异。不论是调整对象还是调整方法，二者都有区别。例如，德国将社会法与劳动法区别开来，并体现到司法实践中，成立了劳动法院和社会法院。所以，将劳动法完全视为社会法在认识上有一定的偏差。⑤

另外，随着有关《中华人民共和国民法典》（以下简称《民法典》）的讨论逐渐兴起，有学者希望把劳动法的内容纳入《民法典》之中，使劳动法与民法同质化。有学者认为，劳动法属于特别私法。通过市场配置劳动力资源是劳动法无法离开民法的根本原因。劳动法包含较多弱者保护制度，应成为私法社会化的发动机。⑥ 可以看出，学界在对深层次的劳动法属性的探讨上尚未达成共识。这就不利于劳动法的法教义学的发展。

---

① 史探径：《社会法论》，中国劳动社会保障出版社，2007，第 2 页。

② 史探径：《社会法论》，中国劳动社会保障出版社，2007，第 5 页。

③ 周永坤：《法理学——全球视野（第三版）》，法律出版社，2010，第 77 页。

④ 关怀主编：《劳动法学》，法律出版社，1996，第 1~5 页。

⑤ 郑尚元：《社会法的存在与社会法理论探索》，《法律科学（西北政法学院学报）》2003 年第 3 期。

⑥ 沈建峰：《劳动法作为特别私法：〈民法典〉制定背景下的劳动法定位》，《中外法学》2017 年第 6 期。

法律固然与其他社会因素有联系，但法律也有独立的品格，其他社会因素仅仅对法律的发展产生影响。劳动法没有形成类似民法、刑法等传统部门法那样的理论框架，相对缺乏独立的理论意义，这就导致劳动法缺乏一贯的连续性，各层级法律法规衔接性有待加强。

二、劳动法缺乏独有的方法论

以宪法、刑法为代表的公法和以民法、商法为代表的私法，都有其独特的方法论。而以劳动法为代表的社会法，在方法论意义上缺乏可与公法、私法相媲美的方法论。学界目前达成的共识是，社会法是从结果的角度照顾弱势群体的法律。也就是说，社会法仅仅在道德层面同情弱者，其基础是人类的同情心，而非可以从一般法律原理推导出来。在这种观念下，劳动法也就成为将劳动者当作弱者保护的带有福利性质的法律。从表面上看，这似乎有利于劳动者，但预设了分配范式的正义观。

分配正义学说源远流长，可以追溯到古希腊。自由主义学说巨擘罗尔斯，也以公平的分配作为正义的表现。① 对基本权利和义务的分配没有在个人之间做出区分的制度是正义的。分配化的认知模式将社会正义界定为将利益和负担在社会成员中做道德上合适的分配，其中最重要的是财富、收入和其他物质资源，此外也常常包括无形的权利、机会、自尊等。② 在实际生活中，正义与否的主张与收入、资源或职位分配无关。将正义局限于物质资料或资源分配的

---

① 约翰·罗尔斯：《正义论（修订版）》，何怀宏、何包钢、廖申白译，中国社会科学出版社，2009，第6页。

② 艾丽斯·M. 杨：《正义与差异政治》，李诚予、刘靖子译，中国政法大学出版社，2017，第18页。

做法，“未能将社会结构和制度语境纳入考虑。不少学者已经指出，分配理论的框架无法容纳对资本主义制度和阶级关系的评价”①。也就是说，分配式的正义理论不仅忽略了分配得以发生的制度语境，还常常预设了某种制度结构，却又未能对这种制度结构是否正义给予评价。虽然分配对象不仅包括有形的物品，还包括无形的权利、机会等，但将分配逻辑运用到无形的事物上时，会形成一种带有误导性的正义观，即更加关注获得的结果，而非产生、运行的过程。其实，社会生活的某些方面更适合从规则和关系运行的角度，而非物品的角度去理解。比如，权利不是财产，不是物品。它更多地关涉行为而非占有，并指向一种社会关系，而正是社会关系约束着人们的行动。将分配性正义扩展到非物质层面，将导致社会关系和制度规则的物化。这是一种更加注重实体的形而上学，它在逻辑上将个人看作先于社会的原子，没能理解个体的身份和能力在许多方面都是社会过程和社会关系的产物。分配范式也必须用模式化的术语对正义诸问题进行概念化的描述。这就隐含了一种静态的社会形而上学，即一种占有性个人主义社会的形而上学。个人并非仅仅是物品的接受者或财产的占有者，而是有意义和目的的行动者，其行动永远处在与他人的关系之中。②

对于社会正义问题来说，重要的并非在特定时刻采取特定的分配模式，而是某种分配模式被不断地再生产出来是否恰当。正义不仅关涉分配，还涉及个体发展与实现其潜能、开展集体交流与合作所必需的制度条件。与正义相对，不正义主要是指宰制（对个人自

① 艾丽斯·M. 杨：《正义与差异政治》，李诚予、刘靖子译，中国政法大学出版社，2017，第 22 页。

② 艾丽斯·M. 杨：《正义与差异政治》，李诚予、刘靖子译，中国政法大学出版社，2017，第 27~33 页。

我决定的制度约束）和压迫（对个人自我发展的制度约束）。① 宰制和压迫都是结构性的不正义，是由经济、政治和文化制度系统性地再生产出来的。从分配性的视角来认知正义，就很容易忽略可能产生宰制和压迫的制度性问题。一旦把宰制和压迫这样的制度性问题纳入分配方式来解决，实际上就是没有解决。人类生活当然需要一定的物质基础，但正义的目标不能仅仅局限于此。社会正义的价值还应包括：在社会认可的环境中学习和运用令人满意的、广泛的技能；参与制度的创建和运行，并得到对这种参与的认可；与他人活动、交流，并表达自己的经历、感情和对社会生活的看法等。②

仅仅从结果论的角度来论证劳动者的权利，会忽视更深层次的社会制度因素。后者对于劳动者的影响十分深远，因为它从结构层面塑造了劳动者的境遇。比如，职业化将劳动活动的目的移除到个体劳动者的决定之外，从而取消了劳动的政治性。随着劳动被职业化，劳动者理解自身的程序便来自一种伦理的、科学的劳动纪律。职业化的劳动者将团队组织的平稳运作及其目标的实现视为最高价值。职业伦理将一种忠诚观念整合到一个人的职业执业当中，也整合到一个人的组织当中。③ 在这种思维下，缺乏独立的方法论的劳动法将劳动者问题不恰当地等同于弱者保护问题。沿着这样的思路延伸下去，加强劳动者保护、提高薪资待遇、降低劳动给人带来的损害等话题便占据了劳动者主体地位的存在空间。这就会将劳动者主体地位纳入经济层面的思考，而忽视其政治意义及文化意义。弱

---

① 艾丽斯·M. 杨：《正义与差异政治》，李诚予、刘靖子译，中国政法大学出版社，2017，第 44 页。

② 艾丽斯·M. 杨：《正义与差异政治》，李诚予、刘靖子译，中国政法大学出版社，2017，第 43 页。

③ 艾丽斯·M. 杨：《正义与差异政治》，李诚予、刘靖子译，中国政法大学出版社，2017，第 94 页。

者保护的方法论实际上是私法方法论的一个方面。如果没有意识到劳动法独立的方法论而将其纳入私法，后果之一就是将劳动者主体地位需求的满足视为对生产过程的自主。这种思维潜在地为劳动者预设了一个座架，并在此基础上探讨劳动者的主体地位问题，但对这个座架乃至批评视而不见。

三、劳动法依附于经济法

改革开放之初，将经济问题中立化有积极的实践意义，有助于打破意识形态的束缚，改变经济落后的状况，提升人民生活水平。不过，马克思也在《资本论》里提醒说，政治经济学把两种不同的私有制混同起来了。一种以生产者自己的劳动为基础。另一种以剥削他人的劳动为基础。后者不仅与前者对立，而且是在其坟墓上成长起来的。[①] 从历史发展来看，使生产者转化为雇佣工人的运动一方面表现为生产者从农奴地位和行会束缚下解放出来，另一方面剥夺了一切生产资料和旧封建制度给予他们的生存保障。[②] 如果强行使经济现象“中立”，受到损害的无疑是处于弱势地位的劳动者。所以，发展社会主义市场经济，要避免通过中立化来突出效率的提升。

我国大部分高校法学院都将劳动法设立在经济法教研室之下，这一现象不应被忽视。社会学家布尔迪厄认为，在社会结构上，教育机构具有一种社会再生产的作用，学科的安排与知识的教授不仅是纯粹的技术活动，也暗含着社会结构的再生产机制。教育机构作为一种庞大的认知机器发挥作用，逐渐产生被广泛使用的认知分类

---

① 《马克思恩格斯全集》第四十四卷，人民出版社，2001，第 876~877 页。
② 《马克思恩格斯全集》第四十四卷，人民出版社，2001，第 822 页。

系统，并且强化着社会差异。“在技术中立性的表面下，强加一种基本的知识分类，这种知识分类认可现存的社会阶级分化。”① 在这种体制再生产的机构中，劳动法在法律界的意识中就被定性为维护经济稳定运行的法律部门，劳动法研究被定位为维护经济的稳定运行。这种认知框架似乎将《劳动法》的立法宗旨倒置成了“建立和维护适应社会主义市场经济的劳动制度，调整劳动关系，保护劳动者合法权益”。② 对劳动者合法权益的理解变得奠基于经济运行，劳动者的保护乃至主体地位都被工具化了。

劳动法依附于经济法，容易使劳动者的利益遭受损害。有学者研究认为，工人的工资水平、工作条件相对来说是因法律法规的出台而提高、改善的。③ 如果陷入认知误区，就会片面粗暴地把主体地位的实现简化为经济发展的质量，把劳动立法的正当性简化为经济成本的衡量。比如，有学者从用工成本的角度对《劳动合同法》展开分析，认为该法增加了用工成本。增加保障成本的，有缴纳社会保险；增加使用成本的，有支付加班工资、提供带薪休假；增加离职成本的，有支付离职补偿、竞业限制补偿；增加违法成本的，有承担法律责任。④ 多角度分析法律问题并无不当，但将法律问题完全经济化为成本问题，使之成为计算与比较的问题，是存在严重疏漏的。黑格尔在《法哲学原理》中评论道，法律认知不能建立在浅薄的直接知觉和偶然的想象之上。法的基地一般是精神的东西，它的更近的位置和出发点是意志。意志是自由的，因而自由便构成

① 戴维·斯沃茨：《文化与权力：布尔迪厄的社会学》，陶东风译，上海译文出版社，2012，第233页。

② 《劳动法》第一条：为了保护劳动者的合法权益，调整劳动关系，建立和维护适应社会主义市场经济的劳动制度，促进经济发展和社会进步，根据宪法，制定本法。

③ Florian Butollo, *The End of Cheap Labour? Industrial Transformation and "Social Upgrading" in China* (Chicage: University of Chicago Press, 2014), p. 224.

④ 徐道稳、吴伟东：《劳动合同法社会效果与应对策略研究》，法律出版社，2013，第58页。

法的实体和规定性。[1] 所以，将劳动法依附于经济法是不正当的，虽然这种思维也会提及劳动者保护问题，但这种保护限制了劳动者以其他更为有效的方式保护自己的可能性，仅仅是将劳动者视为接受给予的客体。

综上所述，如果劳动法缺乏通透的、明确的属性定位和独立的方法论，其在实际运作中容易依附经济法。

本章小结

劳动者主体地位出现虚置现象是有一定原因的。

第一个原因是劳动者与劳动力相分离。无论是革命的胜利、需求的满足还是对劳动过程的自主，劳动力都不能分离于劳动者。劳动不是商品，将劳动囊括进市场机制就意味着使社会生存本身屈从于市场的法则，而劳动是人类社会实践的一个面向，它不可能与人的生活割裂开来而不损害人的尊严。市场体系在处置一个人的劳动力时，也同时在处置附在这个标识上的生理层面、心理层面和道德层面的实体的“人”。如若剥夺了文化制度的保护层，人类会在由此而来的社会暴露中消亡。人的生活并非完全等同于经济生活。人的道德、文化、政治生活等不应依附于经济生活。人总是以个体生命的感性形式具体地存在着，在由多方面、多层次、多结构的生命需要和生命能力决定的无比丰富的活动中，体验和确证着具有丰富个性的人的存在。

第二个原因是劳动权与就业权相混淆。从表面上看，劳动权是宪法规定的基本权利，就业权是该基本权利的具体化，劳动就是就业。但这种观点没有从根本上理解劳动权。在完全就业的情况下，

---

① 《黑格尔著作集》第 7 卷，邓安庆译，人民出版社，2017，第 32~34 页。

劳动权所包含的人自身能力自由实现的内容比较容易被忽视。在充分就业的情况下，劳动者实现自身能力的方式有所提高，积极性、主观能动性被调动了起来，但是这种实现方式容易将劳动者原子化为商品，把劳动者的欲求视为分配性的欲求。在体面就业的情况下，劳动者可能因满足于更加人道的劳动条件、更加有效的劳动团结和更加殷实的劳动保障而放弃对劳动与人的关系问题的深入思考。劳动权与就业权是完全不同的权利，二者不应混为一谈。就业权是在某一历史时期，国家保障人们通过劳动获得生存、发展的手段性权利。这种权利当然很重要，但并不能取代劳动权。

第三个原因是劳动法的社会法属性虚化。学界对社会法的性质理解不一。有的学者认为，社会法没有自己独特的性质和明确的调整对象，因此不是一个法律部门，而只是法的一个领域。有的学者认为，社会法不是一个独立的法律领域，其与公法、私法并不是并列关系。有的学者认为，劳动法是特别私法。这种情况不利于劳动法的法教义学的发展，劳动法没有形成类似民法、刑法等传统部门法那样的理论框架，相对缺乏独立的理论意义。如果劳动法缺乏通透的、明确的属性定位和独立的方法论，其在实际运作中容易依附经济法。

第五章　劳动者主体地位的补强路径

我们为社会主义奋斗，不但是因为社会主义有条件比资本主义更快地发展生产力，而且因为只有社会主义才能消除资本主义和其他剥削制度所必然产生的种种贪婪、腐败和不公正现象。①

——邓小平

要实现劳动者的主体地位，一方面要在新形势下深刻把握其内涵，另一方面是在此基础上建立相应的制度。要通过法律制度建设，巩固、促进、实现劳动者的主体地位，做到理论与实践的统一。针对劳动者主体地位出现虚置现象的原因，本章将结合实际问题，探讨如何更好地构建维护劳动者主体地位的制度。

第一节　以目的性作为劳动权的权利属性

劳动权是将上位理论与下位具体制度沟通起来的桥梁，同时具有抽象与具体的特性。只有先明确劳动权权利性质，才能合理构建起维护劳动者主体地位的制度。在我国，劳动权是宪法赋予公民的一项重要权利。劳动权不仅涉及公民的生存，还涉及公民全面自由

① 《邓小平文选》第三卷，人民出版社，1993，第143页。

的发展。党的十九大报告提出，我国要建设知识型、技能型、创新型劳动者大军，弘扬劳模精神和工匠精神。劳动者的素质对社会经济发展的质量起着至关重要的作用，而劳动者素质的提升并不是技术层面的问题。知识的创造、技能的驾驭、创新的灵感都源自劳动者精神层面上的不懈追求、探索与超越。这种主动进取精神的产生既需要劳动者自身提高觉悟，也需要国家在制度层面上予以保障。

一、劳动权是目的性权利

劳动事件追根溯源，与如何看待宪法规定的劳动权的权利性质密切相关。应当在深入思考劳动权的权利性质的基础上深层次地化解结构性矛盾，而不是浅表性地解决问题。随着社会的发展，现代劳动者的境遇有所改善，“劳动力”被“人力资源”取代、“劳动者”被“人才”取代、“劳资冲突（斗争）”被“劳动争议（纠纷）”取代。不过，名称的变化难掩劳动权工具化的倾向。我国宪法中的劳动权是目的性权利而非工具性权利，这是由宪法结构、权利客体的目标价值及权利主体与客体的内在关系共同决定的。

（一）宪法结构塑造了劳动权的目的性

宪法结构是指宪法所赖以构建的基础，其背景在宪法的序言和具体的宪法条文中，如关于政体的规定、制宪的历史乃至中华人民共和国成立的历程，都有所体现。总体而言，这种结构就是与资本主义异构的社会主义。

资本主义社会存在两大阶级的结构性对立。在这种对立的社会结构中，劳动被当作与生产资料相结合的、具有增殖潜力的物。在资本家的指挥下，劳动通过雇佣的方式参与生产，劳动权被认为是工具性权利。虽然资本主义雇佣劳动的形式是自由的，但这只是表面现象。劳动者并不占有生产资料，只有自己的肉体和精神。为了生存，劳动者必须出卖自己的劳动力，这是别无选择的。资本的逐利性又会对以劳动力为主的可变资本大力节约，进而加剧劳动的异化。劳动权也就变成了选择哪种方式受苦的权利。将劳动权视为工具性权利，虽然生产出大量的物质财富，但也导致了不可忽视的负面影响，引发了许多社会问题。工具性的劳动权观念给劳动者打上了客体化的标签，忽视了劳动者作为一个人所应具有的目的性。

社会主义国家的社会结构发生了根本变化。马克思主义认为："资本家和雇佣工人，本身不过是资本和雇佣劳动的体现者，人格化，是由社会生产过程加在个人身上的一定的社会性质，是这些一定的社会生产关系的产物。"① 社会解放就是要消除可能形成阶级对立的社会结构。在社会主义国家中，以私有制为主的资本运作不再是占绝对地位的生产方式。正是这种社会结构的转变使劳动权被写入宪法之中。劳动权的性质也有了根本的变化，从工具性权利变为了目的性权利。在没有阶级划分的社会结构中，劳动不再是一种可以获得剩余价值的与劳动者不可分割的物，其工具性价值失去了支撑。人与人之间的关系不再是束缚在资本运作中的对立关系，而是自我完善的合作关系。

需要注意的是，目的性下的劳动权不同于就业权。劳动权并非意味着让劳动者轻松顺利地找到工作。公民通过雇佣或被雇佣的方式参与社会实践，仅是当下受生产力制约的社会发展阶段的一个缩影。劳动是人的类本质的实现，人不像动物那样仅以满足口腹之欲为目的，而是以自身的完善为目标。社会发展的目的是实现人的自由劳动，而非不劳动。劳动是人类最根本的活动，它不仅与人的生活、意识、感情密不可分，更与人的发展息息相关。在社会尚未高

① 马克思：《资本论（节选本）》，人民出版社，1998，第540~541页。

度发达的阶段，宪法对于劳动权的确立具有将劳动进一步引向深入发展的价值意义。

（二）权利客体的目标价值预设了劳动权的目的性

权利的类型有很多种，如财产性权利、人身性权利等。不同的权利对应不同的客体。从价值属性上看，权利客体可分为两种。一种是具有目标价值的客体，如生命、健康、言论自由等；另一种是具有工具价值的客体，如债、物等。权利客体的价值属性决定了权利的属性，因为权利其实就是法律调整社会关系的一种结构安排。通过权利的设立、变更和消灭，法律主体得以实现自身的利益。从时间层面看，具有目标价值的权利客体意味着该客体的实现过程与主体欲求的实现过程是同一的。对工具性客体来说，权利的实现仅仅是中间点，是实现其他目标所必需的手段。当然，这并不意味着含有目标价值的权利客体本身包含权利主体的全部潜质，也并非意味着权利主体的价值仅在于该类客体，而是意味着主体能够在客体之中达到海德格尔所说的“上手状态”，从而形成一种自由状态。劳动权的权利客体是劳动，劳动具有目标价值。马克思认为，实践使得人类得以脱离于动物状态而成为人。恩格斯认为：“动物仅仅利用外部自然界，单纯地以自己的存在来使自然界改变；而人则通过他所作出的改变来使自然界为自己的目的服务，来支配自然界。这便是人同其他动物的最后的本质的区别，而造成这一区别的还是劳动。”① 人类的实践从历史的长时段来看表现为生产劳动，人类语言的习得、理性的发展、情感的孕育都是在劳动的过程中逐渐产生并发展起来的。

在不同的历史时期，劳动有着不同的表现方式。在现代社会，

① 恩格斯：《自然辩证法》，人民出版社，1971，第 158 页。

自由劳动成为人类实践方式的目标。社会主义国家中的劳动应表现为自由劳动，而自由劳动同生命、健康一样，本身即具有一种目标价值。这种目标的感性享有本身就是一种可欲状态，是人类得以发展的基础而非手段。英国历史学家罗曼·柯兹纳里奇从工作角度总结道："工作本身是一个目标而非达成目标的方式，它能帮助人们感到自己不是在虚掷生命。那么，什么才是推动人类实现目标的最重要的方式或途径呢？工作的历史中有四个答案跃然而出：由价值观驱动、追寻有意义的目标、获得尊重及运用所有才智。"① 鉴于作为权利客体的劳动具有独立的目标价值，所以劳动权是一种目的性权利。

（三）权利主体与客体的内在关系包含了劳动权的目的性

目的性权利并非仅仅在于感性的享有，更在于权利主体与客体的融合。从权利主体与权利客体的内在关系看，劳动是目的而非手段，身心的全面发展是人类自身目的的实现。这种全面发展并不是一蹴而就的，而是受到历史局限性的影响，是在前一个历史阶段的基础上逐步演进的。同时，人类的发展并不是在真空中的自我完善的，而是在矛盾化解中不断前进的。在不同的历史时期，人类化解矛盾的方式各有不同。在人类早期，社会的发展一般是通过压迫或剥削的方式进行的，势必会引起反抗。当历史发展到一定阶段时，革命便会出现。我国的政治制度和所处的历史时期决定着劳动是一种化解矛盾的方式。这并不意味着劳动就是一种手段，因为人类不是通过劳动来实现另外一种目标的，相反，人类是在劳动中获得发展和完善的。这个过程本身就是目标，这种目标涵盖了过程。西蒙

① 罗曼·柯兹纳里奇：《历史的慰藉：重拾往昔的生活智慧》，代雪曦译，重庆大学出版社，2016，第91页。

娜·薇依概括说："我们时代所特有的使命、我们的天职，就是构建一种基于劳动之神性的文明……一种由劳动的灵性所构成的文明，应是人在宇宙中最高程度的扎根。"① 实践是人类发展的根本方式，在当下历史时期，实践的现实化就是劳动。劳动是人类主体在历史条件制约下对矛盾的化解，这种化解就是人类自身的完善。完善并非一个结果，而是一种过程。人类只有在历史中才能解读自身，展现自身，抽象的人是不存在的。人类的完善就是自由劳动。由此可见，劳动权的权利客体与权利主体有着内在的目的性关联，劳动权是一种目的性权利。

综上，宪法结构、权利客体的目标价值及权利主体与客体的内在关系共同决定了劳动权的目的性。这种共时性的制度安排杂糅了历史、哲学等历时性因素，形成了劳动权目的性的总体构造。在这种构造中，对劳动权的解读应当在特定的框架下进行。

二、劳动权的权利内容

劳动权具备权利的基本要素，劳动权的权利客体之于主体是一种目的性关系。在这种目的性关系的指引下阐明劳动权的内容，对于宪法的实践、劳动制度的建设及劳动者的保护具有显著的促进作用。

（一）劳动权意味着抵抗不自由劳动的权利

劳动权的主要内容之一是抵抗权，也就是抵抗不自由劳动的权利。这是由劳动权的权利属性决定的。自由是权利的一种内在要

① 西蒙娜·薇依：《扎根：人类责任宣言绪论》，徐卫翔译，生活·读书·新知三联书店，2003，第 76~79 页。

求，但有实在法的条文并不必然意味着权利的实存。只有权利主体可以自由行使的权利才是真正的权利。如果没有行使或不行使某种权利的自由，那么权利就徒有其表。马克思之所以认为 18 世纪市民社会中的个人解放所获得的自由仅是表面上的自由，是一种虚假的解放，是因为劳动者缺乏行使权利的自由。在资本主义雇佣劳动中，与其说劳动者享有出卖自己劳动力的权利，不如说其享有换一种受奴役方式的权利，因为劳动者缺乏行使劳动权的自由。在我国，劳动者并不被看作资本运作中会产生剩余价值的要素。在将劳动纳入权利范畴的同时，劳动被赋予了自由。除了受历史发展必然性的制约外，公民享有自由劳动的权利。我国是国际劳工组织的会员国，国际劳工组织的《废除强迫劳动公约》旨在强调废除强迫劳动，并将强迫理解为政治胁迫或教育的一种手段，或是对持有或表达政治观点，在意识形态上反对既有的政治、社会或经济制度的一种惩罚等。① 此外，我国签署的《公民权利及政治权利国际公约》也规定了公民享有免于强迫劳动的权利。因为社会主义国家就是建立在资本主义国家蕴含的必然矛盾基础上的，所以在强迫劳动问题上理应有质的超越。劳动权意味着反对强迫劳动的权利。

当然，不自由的方式并非局限于被强迫这种极端的形式。在社会主义国家中，劳动者并非在社会结构上处于不得不出卖自己劳动力的地位。无论是在公法领域还是在私法领域，无论是直接还是间接地强制公民参与劳动，都是违反宪法的，因为公民享有的劳动权是自由劳动的权利。这种自由意味着对不自由的一种抵抗。而且，这种抵抗权是由劳动权的目的性决定的。劳动并非工具化的物品，但在不自由劳动的形式中，劳动被当作一种手段。由于劳动与劳动

① A. 艾德、C. 克里斯、A. 罗萨斯：《经济、社会和文化的权利》，黄列译，中国社会科学出版社，2003，第 260 页。

者密不可分，在劳动被物化为手段的同时，劳动者作为权利的主体也相应地被物化了，以至于权利主体依附于权利客体。这种不自由的物化劳动也是与劳动权的目的性相悖的。

（二）劳动权意味着自由选择劳动角色的权利

劳动权首先意味着抵抗不自由劳动的权利。权利主体在有权自由劳动的同时，也有权自由选择劳动角色。当权利主体在社会领域中从事劳动时，劳动权的实现必然要体现权利主体的意志。这种自由选择劳动角色的权利主要包括两层含义。

其一，劳动角色不应受到法律的直接阻碍。目前，主奴关系、主仆关系已经不复存在，但像马克思所描述的那种没有职业划分的自由劳动阶段尚未到来。“经济增长的优点不是财富增加幸福，而是它增加人们选择的范围……经济增长的情况是，它给予人对自己环境的更大控制权，由此增加自己的自由。”① 这意味着经济发展的方式应当为人类的自由发展提供助力，而并非仅仅使 GDP 等经济指标的数值增加。当然，劳动权利主体参与实践的方式受到法律的约束。在我国，民事主体包括自然人、法人、非法人组织，自然人包括个体工商户和农村承包经营户。那么，权利主体应当可以在上述范围内自由地选择劳动角色。权利主体有权选择任何一种形式来参与社会实践，这种选择的自由，首先意味着形式上的自由，即不应设立不必要的从业门槛，除非职业特点需要特定的前提条件。更为根本的是，这种自由是实质上的自由：权利主体有能力去选择劳动角色。一方面，要提供必要的制度支撑，培养权利主体进行劳动角色选择的能力；另一方面，不得对这种能力提出不合理的要

① 海因茨·沃尔夫冈·阿恩特：《经济发展思想史》，唐宇华、吴良健译，商务印书馆，1997，第 183 页。

求。比如，对商事主体的成立不应设置过多的限制。如果对法人成立资格做过多干预，无疑会限制部分公民以法人的形式参与实践的权利。另外，在公务员、事业单位招录过程中设置最高年龄限制，也不利于劳动者自由选择其劳动角色。

其二，劳动角色应当受到法律的平等保护。平等是自由的基础，如果法律中缺失平等，那么自由就失去了其应有的意义，甚至会因成为达到平等的手段而失去其中蕴含的人类发展完善的价值。权利主体有选择劳动角色的自由，不应由于受法律对某种劳动角色的不平等评价而受到间接的阻碍。间接的阻碍意味着通过变相的强迫而要求权利主体选择或不选择某种劳动角色。富勒认为，法律内在道德的第一个要素是法律的一般性，也就是普遍性。法律是具有普遍适用性的，不是针对特定的人制定的。这个原则的一个延伸就是平等保护：不仅直接对主体进行平等保护，也应间接地通过客体的平等规制来促进主体之间的平等。既不能选择性执法，也不能选择性立法。对不同劳动者保护规定的不一致，会对作为劳动者的权利主体构成间接阻碍。这是需要予以重视的。

（三）劳动权意味着自由转换劳动方式的权利

劳动权的目的性要求权利客体对权利主体无差别地开放。劳动权意味着劳动者有转换劳动方式的权利。这种转换不仅是同类别劳动者在不同雇主之间的转换，还意味着劳动者在不同类别、不同领域之间的转换。目的性劳动意味着人的全面发展。虽然受客观条件的制约，马克思设想的完全自由劳动的时代尚未到来，但是这并不意味着劳动的自由无法实现。在当下历史时期，赋予劳动者自由转换劳动方式的权利，给予劳动者充分的实践机会，从而实现劳动者自身的全面发展，就是最大限度地实现自由劳动。劳动意味着劳动主体在这一过程中的自我完善。安德烈·高尔茨认为，仅仅通过废止劳动，人并不能得到真正解放。“其关键在于人们必须从人类的生活这一角度去重新认识人类与劳动之间的关系。”① 的确，人类的自我完善是在全方位实践中完成的。不仅要赋予劳动者选择劳动角色的机会，还应扩展劳动者转换劳动方式的自由，从而使劳动者获得更多的实践机会，这样才会促进人类的解放。这种解放并不以无所事事为目的，而是追求人类的意向性与客观世界在实践的过程中的统一。

分工作为现代生产的主要方式，大力促进了社会的生产发展，创造了丰富的产品。斯密认为：“只要能够进行劳动分工，劳动生产力就能相应地成比例增长。”② 但是，分工对于人类本身来说存在着严重的问题。在分工的模式下，劳动者被束缚在一个个细小的环节中，失去了对劳动产品的整体感知和把握，加剧了与劳动的疏离感。后现代主义学者格里芬认为：“工人不仅仅是‘工人’，他们首先是人，因而他们需要从工作中获得某种满足感，需要创造性地行事；需要感觉到他们对某些事情作出了有价值的贡献。”③ 在这种情况下，劳动者享有自由转换劳动方式的权利，无疑是消除分工负面影响的重要方式。通过这种方式，劳动者可以从多个方面参与劳动实践，既可以在同一种类分工中参与不同的步骤，也可以在不同种类的分工中参与不同的步骤，从而最大限度地完善自我。

随着政治、经济发展的复杂化，劳动形式转换的限制也越来越隐蔽。按照爱德华·特纳的说法，技术的进步其实发生在其未被立刻认识到的复杂情况中，而这会导致一种“报复”效应。在社会科

① 晖峻淑子：《日本人与富裕梦》，刘荣、金铃译，社会科学文献出版社，1993，第122页。

② 亚当·斯密：《国民财富的性质与原理》，赵东旭、丁毅译，中国社会科学出版社，2007，第17页。

③ 大卫·雷·格里芬编：《后现代精神》，王成兵译，中央编译出版社，1998，第223页。

学领域，也存在此种情况。立法者在针对相对具体的问题进行立法时，很可能在宏观的层面引发更深层次的冲突。从宏观层面看，我国将劳动分为人事关系、劳动关系、劳务关系等类别，不同的关系接受不同的法律调整。另外，在各个类别的关系中，用工方往往不同程度地在规章或合同中通过服务期等方式限制离职。而在这些关系背后还有人事档案的纠葛。以上因素的叠加，限制了劳动者劳动方式的转换。

综上，劳动权有其特有的权利内容，主要包括抵抗不自由劳动、自由选择劳动角色、自由转换劳动方式三个方面。这些权利内容既非政治上的宣示，又非纯粹哲学上的思辨，也非部门法化的堆砌，而是具有独立的法律意义，可以指导劳动法律制度建设。

三、把劳动权看作目的性权利的意义

劳动权是一种目的性权利，这无论是在学理上还是在实践中都具有重要的意义。

（一）凸显劳动权的宪法含义

劳动权是宪法赋予公民的权利，劳动是马克思主义哲学的重要内容。宪法特殊的法律地位将形而上的哲学与形而下的劳动法律制度联系了起来，具有一种承上启下的作用。通过对权利主体、权利客体及权利内容的剖析，劳动权的目的性得以突出。法律性是宪法的根本属性，对宪法的理解应以法律属性为依据，不能通过纯粹政治性的解读而空化法律属性。宪法规定，我国是工人阶级领导的、以工农联盟为基础的人民民主专政的社会主义国家。在阶级划分已经成为历史的现实情况下，每个公民均同等地享有劳动权。劳动权的权利构造同一般的权利构造一样，具备充实的主体、客体和内容。这三部分的明晰能进一步使劳动权回归法律的本性。

宪法与普通法律的最大不同，在于其是根本性法律。宪法是法律与价值的统一。从法律实证主义角度看，宪法对具体法律的评价是一种应然的评价。南非宪法法院大法官萨克斯认为，宪法价值的效力乃是明确的，而且明白清晰地彰显在宪政体制当中。“宪法的文字和精神不可分割：价值不是用来点缀某法条的华而不实的饰品，每项单一条文也不是独立于其他条文之外，只有在被引用时才发挥效用的。法律条文不是空洞、中性、彼此毫无关联的，而使之融会贯通的正是宪法价值。条文和价值相辅相成，以缺一不可的方式提供宪法所承诺的保护。”① 宪法文本中劳动权权利内容的明确对于具体劳动法律的评价具有一定的促进作用。需要注意的是，不应将宪法中的劳动权的理解混同于下位法中具体的劳动权利。下位法中的劳动权利没有受到侵犯，并不必然意味着宪法中的劳动权未受侵犯。否则，宪法的评价作用会被简化，甚至异化。宪法中的劳动权有其独立的权利内容，包括抵抗不自由劳动、自由选择劳动角色、自由转换劳动方式。这些权利内容的明确促进了宪法的可适用的特性，为发挥宪法的评价功能奠定了基础。

（二）厘清劳动权利与劳动义务的关系

我国宪法规定公民既有劳动的权利又有劳动的义务，但权利与义务的最终承担主体应该是不同的。与劳动权对应的是国家负有的相关义务，即防止不自由劳动的义务、防止劳动角色选择不自由的义务及防止劳动方式转换不自由的义务。虽然学界笼统地认为劳动权利与劳动义务是统一的，但从逻辑上讲，劳动权利与劳动义务是

① 奥比·萨克斯：《断臂上的花朵：人生与法律的奇幻炼金术》，陈毓奇、陈礼工译，广西师范大学出版社，2014，第 196 页。

异构的。

二者的来源不同。劳动义务主要有两种来源。一是实在法上的来源。在古希腊时期，或商周奴隶制时期，劳动是奴隶的义务。按照亚里士多德的说法，奴隶是“有生命的所有物”“实践方面的帮手”。① 在古代，劳动被局限于乏味、劳人心神的活动。统治阶级为了享受精神方面的愉悦或者满足口腹之欲，将劳动强制交给奴隶。奴隶需要劳动，不劳动会受到处罚。二是伦理上的来源。在按需分配的制度中，每个人获得的物品基于每个人的实际需要。物品并不会凭空产生，一定是人们劳动的结果。当一个人根据自己的需要使用了一定物品后，他就对同类负有一种伦理上的劳动义务。也就是说，他要劳动，生产产品。这不是直接为了自己的需要，而是为了潜在的其他同类的需要，就像自己也在使用同类生产的物品一样。

在以上情况中，劳动权利是不可能产生的。劳动权利产生的前提是承认劳动者独立的主体地位并赋予其相应的自由。在资本主义社会，从形式上看，个体获得了独立与自由。劳动权利开始得到法律的承认，因为资本运作的一个要素就是大量自由的劳动力。当然，这种劳动权利仅仅是工具性的劳动权利，是劳动者生存的一种手段而已。受到生产力发展的局限，我国现阶段分配制度仍然是以按劳分配为主的制度。这种分配制度有其特殊之处，即赋予劳动者实质上的自由，而非仅仅是形式上的自由。随着这种实质上的个人自由原则成为主要法律原则，个体当然有权最大限度地选择按照自我意愿的方式来生存，享有劳动的权利。这种劳动的权利是一种目的性权利。个体通过劳动权，得以在生存与发展中享有充分的

① 颜一编：《亚里士多德选集　政治学卷》，颜一、秦典华译，中国人民大学出版社，1999，第4、9~10页。

自由。

劳动权利与劳动义务的主体并非处于同一层面，不能笼统地说劳动者既享有劳动的权利又要履行劳动的义务。我国宪法规定的劳动义务有更为深刻的含义，是一种对未来按需分配的劳动方式的指向。宪法中的劳动权利与劳动义务是一种螺旋式的关系。在当下以按劳分配为主体的分配制度中，对劳动的法律规制表现为劳动的权利。但随着社会的发展，当按需分配得以实现时，劳动义务成为每个公民的职责。它是一种伦理上的义务，一种对共同体的承诺。也就是说，伦理上的劳动义务是法律上的劳动权利的发展方向。在现阶段尚无法实现按需分配时，必须将劳动规定为按劳分配下的权利形式。我国宪法规定，社会主义制度是我国的根本制度，发展社会主义的最终目标是实现共产主义。宪法将劳动规定为一种义务，实际上应理解为一种价值层面上的引导。如果把权利与义务混为一谈，结果就是削弱对劳动者权利的保护。在现阶段，劳动权利仍然是法律重要保护的对象，切忌以劳动义务为借口削弱对劳动权利的保护。

综上，劳动权利与劳动义务并非在同一层面上有着统一的关系，而是有着螺旋上升中的前后关系、上下关系。从历史进程来看，其发展过程大体是从实在法上的劳动义务等到工具性的劳动权利，再到目的性的劳动权利，最终到伦理上的劳动义务。

（三）复归劳动的所指

目的性劳动权将异化的劳动能指重新复归为所指。目的性劳动权认为劳动是人的类本质。一方面，这种复归指明了劳动的本源性。人类不是为了劳动而劳动的，而是将劳动与自身的完善融为一体。劳动没有高低贵贱之分。劳动的目的性不是在各种劳动之间构建区分的逻辑，而是认为各种劳动并无本质上的差别。当符号区分型社会成为生活的一种样态时，劳动所指被遮蔽，劳动表面的能指变成了所指。劳动被视为一种符号，成为消费的对象，或者为了满足政治需求而成为某种标签式的宣传。目的性劳动权将符号化的劳动能指复归到了本源意义上的劳动所指，认为劳动权是权利主体享有的一种目的性权利。这就将权利主体的意志投射到了权利客体中，权利客体的目的性就包含了主体的能动性，从而避免了劳动被符号化。

另一方面，这种复归反对职业的异化。劳动并不等同于职业，也不在职业中显示自身的价值。相反，职业因为劳动而光荣。职业不应成为一种符号性的消费。不同职业的条件、资格或隐含的福利等，不应当存在不平等。布尔迪厄深刻地指出，职位并非理论上的职位，而是永久性的斗争赌注。这种斗争使得职位的把持者与其他人相互对立。通过这种方式，该职位职能被某些与其属性相似的人占据。① 这种符号化的劳动，与其说是重视劳动，不如说是重视劳动的表征，即职业带来的一种虚拟化的地位。② 个体通过获得某种职业形式的劳动来构建属于自己的个性，这种虚假个性的构建恰恰是真正的自我丧失。丧失本质的存在会通过符号的力量进行抽象的重构。这只是在表面上制造出了重视劳动、向劳动复归的假象，本质上仍是将劳动视为一种区分的符号。而目的性劳动权对劳动所指的复归，强调职业只是一种与当下生产力发展阶段相适应的劳动方式。职业并无高低贵贱之分，在目的性劳动权的维度中，人们不应在职业的表象中寻求满足，而应在劳动中实现人生的意义。

---

① 皮埃尔·布尔迪厄：《区分：判断力的社会批判》上册，刘晖译，商务印书馆，2015，第 238 页。

② 让·鲍德里亚：《消费社会》，刘成富、全志钢译，南京大学出版社，2014，第 153 页。

第二节　以实践性作为劳动立法的根基

在社会主义市场经济体制逐步确立后，劳动法就有了立法基础，即在市场经济条件下如何保护劳动者的合法权益。围绕这一目标，劳动者弱势地位理论应运而生。当然，这亦与马克思劳动价值论的经典论述密切相关。随着技术化浪潮席卷全球，劳动者弱势地位理论与日新月异的社会现实下的劳动形势的契合关系开始松动。对此，一种调和论的转向逐渐兴起，然而这并不能从根本上解决问题，难以作为劳动法的理论根基。

一、劳动者弱势地位理论之局限

随着生产技术不断革新，人类社会生活也在不断改变，并且这种改变越来越迅速。人类社会的变动周期由几千年缩短为几百年甚至几十年，在某些领域可能就是几年。在这种背景下，劳动者弱势地位理论既遭遇了现实的困境，也暴露了之前隐藏的缺陷，难以继续指导劳动立法、司法与执法。

（一）内容疏离于现实

劳动者弱势地位理论认为，劳动者受条件所限在劳资关系中处于弱势地位，难以在意志上与资方就劳动条件、劳动报酬等相关问题进行平等协商，需要法律进行介入。这显然是以马克思在《资本论》中论述劳动作为商品时对劳动者造成的不公正情况为依据的。德国法学家拉德布鲁赫认为：“劳动法则是针对经济强者，从保护经济弱者的角度思考经济关系。”① 然而，马克思的相关论述是有

① 拉德布鲁赫：《法学导论》，米健、朱林译，中国大百科全书出版社，1997，第 80 页。

一定时代背景的，即资本主义发展早期情况：无产者和资本家成为两大对立阶级。随着社会的发展，当下的情况与马克思所处时代的情况已大不相同。尤其是在劳动者成分多样化、能力差异化、意识分散化的背景下，弱势地位理论难以涵括现实。

随着社会分工的不断发展及经济形式在技术革新助力下的不断改变，劳动者的成分越来越复杂，劳动者的构成越来越呈现为异质的、立体的、弥散化的状态。技术的进步使生产逐步机器化，体力劳动者群体逐渐缩小，脑力劳动者群体日渐庞大。体力劳动者和脑力劳动者的内部又分化出差别更为细小但彼此之间更为隔绝的群体。这都是资本运作使然。布雷弗曼总结道："资本主义工业的分工，和整个社会中划分生产任务、行业或专业这类现象根本不同，因为大家已知道的各种社会虽然已经把工作划分为种种生产专业，但在资本主义以前的社会都没有把每一生产专业的工作再系统地划分为各种有限的工序。这种分工的形式，只是随着资本主义的发展才普遍化的。"① 随着资本主义更为深入的发展，分工的种类、形式会更加对立。这种现代化的高度分工导致的一个后果，就是不仅在总体上产生了更多种类的职位，而且在构成性意义上对劳动者群体进行了区隔。在经济收入方面，随着企业经营方式的变化，科层制的模式嵌入到企业运行之中。一批管理者迅速发展，形成了一个中等收入阶层或曰中产阶级。美国社会学家米尔斯认为，作为市场化活动，中产阶级的主体——白领雇员随着所需技能的变化、日用品市场和资本市场的增大，以及劳动分工的细化，出现了大量扩张。② 他们收入不菲，虽然没有像资本所有者那样占据生产资料，但获得的高额工资与普通劳动者相比日渐悬殊。他们拥有的技能、

① 哈里·布雷弗曼：《劳动与垄断资本》，方生等译，商务印书馆，1978，第 65 页。
② C. 莱特·米尔斯：《白领：美国的中产阶级》，周晓虹译，南京大学出版社，2016，第 65 页。

技术、知识显著增强了其在劳资关系中的博弈能力。

这种经济层面的差距衍生的区隔，对原先阶级意识层面上的统一产生了瓦解作用。经济资本只是决定阶级的一种因素，诸如文化资本、社会资本和符号资本等因素也具有非常重要的作用。英国学者汤普森认为：“工人阶级的形成不仅是经济史上，而且是政治史和文化史上的事实。”① 在收入差距拉大的情况下，原先同一阶级内部不同群体的社会实践也逐渐呈现出异质性，其品位、趣味、思想等越来越向立体化、多元化的方向发展。虽然新形成的中产阶级不一定有独特的、统一的世界观，但是他们分散的观念进一步阻碍了阶级意识的统一。阶级意识的分裂反过来又促进了阶级的瓦解。正如布尔迪厄强调的那样，社会阶级既不是由一种属性，也不是由属性的总和，或者是由一系列属性决定的，而是由所有相关属性之间关系的结构决定的，这个结构赋予每个属性和这个属性对实践发挥的作用以特有的价值。② 也就是说，这种经济、文化、意识上的差异造成了一种新的关系结构。认同感的下降乃至消失消解了先前的共同性，随之而来的实践上的差别固化并加深了彼此的区分，以致难以形成一致的共同体。

上述世界范围内的变化对我国也产生了深远的影响。由此可见，劳动者弱势地位理论日渐疏离于现实。单一的、同质的、地位上处于弱势的群体已经发生了显著的改变。在这种表面的变化之外，还存在更深层次的变化。

劳动者弱势地位理论是以生产领域中的物质化劳动为观察对象而提出的。然而，随着资本主义向更高级的阶段发展，其生产方式

① E. P 汤普森：《英国工人阶级的形成》上册，钱乘旦等译，译林出版社，2001，第211页。

② 皮埃尔·布尔迪厄：《区分：判断力的社会批判》上册，刘晖译，商务印书馆，2015，第177页。

发生了改变。资本运作的重心从生产领域转向消费领域，劳动者与消费者的双重身份日益融合。世界市场越来越成熟，很大一部分产品不再像以前那样主要由其他地域的人来消费，而恰恰改由当地的劳动者来消费。要想增加劳动者的消费能力，需要提高工资、增加购买力。客观上看，劳动者的生活水平有所提升，劳动者获得的工资，已不再像马克思描述的那样，仅仅能够维持自身第二天仍然有力气能站到工厂工作，而是有了显著的增长。劳动者能够购买除生活必需品以外的许多商品。但这并不意味着劳动者的解放，而是将劳动者放逐到难以被意识到的符号化的、拟象化的世界中继续异化。鲍德里亚指出："人们从来不消费物的本身（使用价值）——人们总是把物（从广义的角度）当做能够突出你的符号，或用来让你加入视为理想的团体，或作为一个地位更高的团体的参照来摆脱本团体。"① 面对这种表面上劳动者生活水平普遍提升，实际上劳动者却不断异化的情况，劳动者弱势地位理论缺乏足够的解释力。此外，劳动的方式也发生了质的改变，逐渐从物质化劳动转向非物质化劳动。非物质劳动是指"生产一种非物质商品的劳动，如一种服务，一个文化产品、知识或交流"②。非物质劳动中最显著的是人类交际和互动的情感劳动。例如，"健康服务主要依赖于关怀和感情劳动；娱乐工业也类似地聚焦于情感的创造和控制上。这种劳动是非物质的，即使它是群体的和感情性的，因为它的产品是不可触摸的，是一种包含放松、幸福、满意、兴奋或激动的感觉"③。情感劳动的劳动方式和劳动内容与物质劳动大不相同。一方面，它不像物质劳动那样容易衡量；另一方面，它本身具有特殊性、个别

① 让·鲍德里亚：《消费社会》，刘成富、全志钢译，南京大学出版社，2014，第 41 页。
② 麦克尔·哈特、安东尼奥·奈格里：《帝国：全球化的政治秩序》，杨建国、范一亭译，江苏人民出版社，2008，第 284 页。
③ 麦克尔·哈特、安东尼奥·奈格里：《帝国：全球化的政治秩序》，杨建国、范一亭译，江苏人民出版社，2008，第 286 页。

性，甚至不可替代性。因此，以情感劳动为业的劳动者，与劳动者弱势地位理论所描述的普遍的、可替代性强的劳动者有显著差异。

从更为宏观的层面说，这种变更是现代性的必然结果。吉登斯认为，现代社会并非传统社会的一种渐进式延续，而是一种断裂。"现代性的动力机制派生于时间与空间的分离和它们在形式上的重新组合……导致了社会体系的脱域。"[①] 这种本身带有深刻社会意义的现代性的脱域，就是指"社会关系从彼此互动的地域性关联中，从通过对不确定的时间的无限穿越而被重构的关联中'脱离出来'"[②]。时间和空间的脱域、重构，在劳动领域产生了深刻的影响。在空间方面，劳动者可以不必再像以前那样在固定的厂房或办公室工作，甚至可以在家里或任何地点工作。在时间方面，劳动者的选择更加灵活，形成了制度化的非全日制用工形式。此外，脱域后的时间与空间的结合，还产生了劳务派遣这种用工形式。这种三方主体的用工形式将现实空间虚拟化，又通过时间的错位异构了劳动形式。经过时空重构的劳动形式越来越脱离劳动者弱势地位理论所依托的传统时空下的用工形式。对此，有学者总结说："网络工作者、弹性上班员工、长期短工、众包、游移工人等收录进我们词汇中的名词与林林总总的其他概念，显示出一系列正在进行着的工作节奏与劳动形式的转变。这类专门词汇是划时代的资本和劳动重构的产物。"[③] 也就是说，现代社会与传统社会有很大差别，尤其在时间与空间方面，现代社会具备特殊的重构能力。那么，劳动者弱势地位理论这一在传统框架下产生的劳资理论，在现代社会中势必会面临很多局限，难以涵括现实。

---

① 安东尼·吉登斯：《现代性的后果》，田禾译，译林出版社，2011，第 14 页。

② 安东尼·吉登斯：《现代性的后果》，田禾译，译林出版社，2011，第 18 页。

③ 凯瑟琳·迈克切尔、文森特·莫斯可：《信息社会的知识劳工》，曹晋等译，上海译文出版社，2014，第 220 页。

（二）价值脱离于应然

虽然从表面上看，劳动者弱势地位理论在于保护在劳资结构中处于弱势地位的劳动者，维护社会公平，但实质上，价值是很模糊的。模糊性源于对为什么保护劳动这一根本问题没有清晰的认知，脱离了劳动立法的应然价值。

劳动者弱势地位理论将劳动者作为弱势群体的一类人加以保护，这是一种肤浅的、片面的认识。这个问题的解决也由此从结果论的角度被纳入了福利国家的范畴。以新自由主义为代表的学派恰恰是从福利国家所预期的结果出发，来论证达到这种结果的路径并不需要对弱者加以过多保护的。美国自由主义经济学家弗里德曼的研究显示：一个社会把结果平等放在自由之上，其结果是既得不到平等，也得不到自由。① 关于公民福利的论争在劳动领域产生影响的就是涓滴理论，即认为政府与其将其财政补贴直接用于福利事业或公共建设，不如减轻个体和企业的税率，促使大企业获得发展从而带动小企业发展。这样一来，其成果将会“滴入”穷人手中。这种理论是值得怀疑的。从美国实际情况来看，其分化日益明显：上层群体收入增长最快，底层群体收入实际上在下降，涓滴理论并没有起作用。聚集到上层的财富是以牺牲下层群体为代价的，可见水涨未必船高。②

这种自由主义存在某种问题视域的缺失：保护劳动者不是一个道德正当与否的问题，不是一个单纯的结果分配是否应当平等的问题，不是一个个人财产权是否应当取消的问题；而是一个初次分配是否公正的问题，一个人的独立价值是否获得认可的问题，一个人类历史发展向度的问题。劳动者弱势地位理论没有明

① 顾肃：《自由主义基本理念（修订版）》，译林出版社，2013，第 398 页。
② 约瑟夫·E. 斯蒂格利茨：《不平等的代价》，张子源译，机械工业出版社，2016，第 5~7 页。

确劳动者需要保护的根本原因，在价值层面上没有厘清其与弱者保护的区别，将劳动者的保护与儿童、老年人、妇女等群体的保护相混淆。对后一类群体的保护是福利国家的目标，而对劳动者的保护与此有本质的不同。对劳动者进行保护，不应依据人类应对同胞具有同情心这一类道德信条而做出制度化约束。劳动者弱势地位理论不但在价值层面上没有阐明这一点，而且因对结果平等的强烈关注而忽视了对终极目标的关注。这使它受到自由主义的批判，也使得对劳动者的保护缺乏能与自由主义直接对话的理论根基。

具体而言，劳动者弱势地位理论没有在理论层面上阐明为什么要提高劳动者的工资，给人以仅仅因劳动者处于弱势地位就应在道德层面上予以照顾的直观印象。这就混淆了劳动者收入在国民收入分配的层级。劳动者的收入属于国民收入的初次分配，为国民提供的福利则属于国民收入的再次分配，二者并不在同一个层面。对于初次分配应如何规制是问题的关键。自由主义认为，这应由市场决定。即劳动者的收入应由劳动力在自由竞争市场中的价格决定。只有按照市场价格来支付工资才是有效率的，才会最终惠及所有人。劳动者弱势地位理论恰恰没有针对这个观点进行反驳，而是诉诸语焉不详的“弱势”，以求得道德上的证成。可以从前提与推理两个方面反驳上述观点。从前提来看，劳动并不是商品。波兰尼认为：“劳动力仅仅是与生俱来的人类活动的另外一个名称而已，就其本身而言，它不是为了出售，而是出于完全不同的原因而存在的，并且这种活动也不能分离于生活的其他部分而被转移或储存。”[①] 也就是说，劳动力的市场价格概念本身就是一种误导，掩盖了前提预

① 卡尔·波兰尼：《大转型：我们时代的政治与经济起源》，冯钢、刘阳译，浙江人民出版社，2007，第 63 页。

设之不可接受性。“将劳动与生活中的其他活动相分离，使之受市场规律支配，这就意味着毁灭生存的一切有机形式。”① 这是自由主义视域局限造成的严重后果。劳动者弱势地位理论也没有注意到这个问题。它把对劳动者的保护化约成对弱者的保护及其之下的财产分配问题，忽视了劳动具有的特殊性及这种特殊性所应具有的制度层面上的规范性。

从推理来看，劳动者弱势地位理论也存在问题。在自由主义者看来，财产权理论至关重要，分配理论则是财产权理论的衍生。然而，在从财产权理论过渡到分配理论时，相关论述存在一种逻辑上的断裂。自由主义的财产理论是从论述私有制的角度出发的。洛克认为，劳动使物脱离了自然而归为个人所有。“既然劳动是劳动者的无可争议的所有物，那么对于这一有所增益的东西，除他以外就没有人能享有权利。”② 劳动力属于个人，由劳动力所产生的物品也应属于个人。“我的劳动使它们脱离原来所处的共同状态，确定了我对它们的财产权。”③ 针对这种个人的劳动和无主物品的结合，产生了对这些物品的所有权的观念。诺齐克给出了更为形而上的论证：“（a）人是不可侵犯的。（b）不可侵犯的人拥有其人格与劳动。（c）个人 A 将他拥有的劳动与他不拥有的 X 相结合。（d）A 对 X 拥有财产权利。”④ 这种理论模型建立在“我—它—他”的关系之中，旨在证明财产私有的正当性。其实这一论证暗含了劳动是所有权的基础的假设，只可惜在市场经济领域中劳动者收入分配问题上，自由主义又忘了这一点，因为作为物的产品恰恰是资本家和劳动者共同生产出来的，二者都付出了劳动。

---

① 卡尔·波兰尼：《大转型：我们时代的政治与经济起源》，冯钢、刘阳译，浙江人民出版社，2007，第 140 页。

② 洛克：《政府论》下篇，叶启芳、瞿菊农译，商务印书馆，1964，第 19 页。

③ 洛克：《政府论》下篇，叶启芳、瞿菊农译，商务印书馆，1964，第 20 页。

④ 顾肃：《自由主义基本理念（修订版）》，译林出版社，2013，第 483 页。

随之而来的是，自由主义在将支持财产私有、反对公有的论证延伸到劳动领域的财富分配时存在一种断裂：既没有论证资本与劳动的内在关系，也没有论证劳动为何应成为“物”。当主要目标为反对控制时，就会倾向于绝对的自由，反对来自任何群体、任何形式的对财产自由的干涉。可是随着社会分工的发展，现实的生产关系不再是“我—它—他”的关系，而往往是“我—他—它”的关系，即由一群人联合起来生产某物。在这种情况下，物是如何产生的？收益该如何在“我—他”之间分配？自由主义理论对此并没有展开论述，而是不恰当地将“他”降格为包括无生命的物在内的“它”的一部分，以此来进行回避。但这种转换恰恰显示出其在逻辑上是断裂的。“他”何以降格为“它”？恩格斯在《国民经济学批判大纲》中指出，土地、资本和劳动在产品中各占多少分量不可计算，因为三个因素不可通约。三者的作用截然不同，无法用任何第四种共同的尺度加以衡量。[①] 也就是说，用金钱来衡量各自的作用，作为分配多寡的尺度，完全是异己的、非正当的。无限制地将所有物品纳入市场配置只是一种空想。在对现代大生产过程的分析中，马克思深刻地指出：“劳动力的价值和劳动力在劳动过程中的价值增殖，是两个不同的量。资本家购买劳动力时，正是看中了这个价值的差额。”[②] 劳动者在初次分配中获得较高的份额并不是一种福利，而是一种应然，因为这恰恰是劳动的价值增值部分创造的。正如法律要求盗窃者将盗窃的物品归还给物主，不是因为物主缺乏这个物品就会变得生活窘迫，而是因为盗窃本身就是不正当的行为。劳动者弱势地位理论恰恰没有以劳动价值论为取向，以致缺乏论证的逻辑支撑点，不能与自由主义的指责相论辩。

---

① 《马克思恩格斯文集》第一卷，人民出版社，2009，第 71 页。

② 马克思：《资本论（节选本）》，人民出版社，1998，第 121 页。

（三）目标固化于生产

劳动者弱势地位理论的目标局限于对劳动者弱势地位的补足，这虽然具有一定意义，但仍未意识到劳动者在劳动过程中所面临的根本问题。在维护资本再生产的背景下探讨劳动者的保护，劳动者弱势地位理论的本质就是维护劳动者主体的再生产，却没有理会到该如何将劳动这一活动本身纳入规范。

劳动者弱势地位理论诞生于工业化时期，其目标是保护在结构上处于弱势的劳动者，使劳动者在资本面前享有作为一个人所应具有的权利。工业化时期的生产是时间线性化、空间均质化的生产。在这种背景下，民事法律制度强调自由竞争，强调市场决定一切。劳动者弱势地位理论作为与之对抗的理论具有一定进步意义，但缺乏独立的根基，不可避免地带有局限性。

一方面，这种局限性表现在理论目标的深度上。随着资本主义的深入发展，生产过程正在从物质的生产转向空间的生产，从生产方式的再生产转向生产关系的再生产。从工业化时期进入都市化时期，空间性、主体性、共时性成为生产的特点，并潜在地侵害着劳动者。劳动者弱势地位理论仍然以之前的生产阶段为预设，以摆脱当时生产关系中劳动者所受束缚为目标，就有可能陷入更大的失败之中。也就是说，虽然劳动者的物质条件可能会得到改善，但劳动者的身份被固化，没有支点解决劳动异化这一最为根本的问题。因为当因处于弱势地位而可能遭受的劳动条件、劳动报酬、劳动安全等问题解决后，劳动者并不必然会成为自己的“主人”。简而言之，劳动关系中的劳动者经济问题的解决并不必然意味着劳动者的解放。经济问题不是劳动问题的根本所在，劳动立法的目的也绝不应仅仅是创造好的劳动条件或提高劳动待遇。空间不再是均质的，而是战略性的；不再是中性的，而是意识形态性的，其中糅合了生产关系的再生产。列斐伏尔指出：“工人阶级在空间中遭受着多种支配，因为存在着一种空间的政治，越来越有效力，越来越有针对性，其设计越来越精心。"① 空间化的生产是一种主体化的生产，它正在化解以往时间化的生产追求效率、降低成本、提高单位时间的利用率必然对劳动者造成的直观的、强迫性的损害。在空间化主体的再生产方式下，劳动者受到的损害更为隐蔽，也更为巨大，需要更为彻底的法律保护，而劳动者弱势地位理论已经不能在这种主体的再生产中为劳动者提供有效的保护了。此外，随着以经济联系为纽带的和平时代的到来，处于不同发展阶段的国家找到了"发展"这一模糊的最大公约数。而在发展的过程中，劳动者主体地位的再生产——对劳动者的规训，成了被普遍接受的信条。面对这种局面，劳动者弱势地位理论正丧失解释力，难以成为劳动立法的理论根基。

另一方面，这种局限性表现在理论目标的广度上。在已经取消私有制的国家，劳动者是否仍需要保护？从某种意义上说，劳动者此时是在为自己劳动，因此不存在所谓剥削。劳动者劳动的价值增殖并没有被其他人无偿占有。在这种情况下，劳动条件的节约就不是可以想当然地反对的了。苏联在进行劳动立法时认为，"劳动法的基本任务就是刺激劳动生产率和工作质量的提高，巩固劳动纪律和提高社会生产效益，并在此基础上改善劳动者的物质福利，创造个人全面发展的条件和培养每个劳动者的主人翁责任感"②。不过，这种理论在多种所有制共存的国家，难以涵括现实。有学者指出，我国的劳动关系因所有制的不同应分为三种：社会主义性质的劳动关系、半社会主义性质的劳动关系及劳资关系。③ 劳动者弱势地位

① 亨利·列斐伏尔：《空间与政治（第二版）》，李春译，上海人民出版社，2015，第117页。

② 史探径：《社会法论》，中国劳动社会保障出版社，2007，第81~82页。

③ 关怀、林嘉主编：《劳动与社会保障法学（第二版）》，法律出版社，2016，第6页。

理论显然更适合劳资关系，因为其是以私有制下的资本与劳动之间的关系为基础的，但劳动法效力范围并没有做出相应区分，而是全部适用。这就在逻辑上出现了悖论。对于社会主义性质和半社会主义性质的劳动关系，应该以哪种劳动理论为基础？究其根源，在于劳动者弱势地位理论目标的局限性。

综上所述，劳动者弱势地位理论目标无论是在深度上还是在广度上都存在局限性，不适合成为我国这样一个社会主义国家在社会经济发生深刻变化的背景下对劳动法律进行规制的理论基础。

诞生时的不完备性、不彻底性导致劳动者弱势地位理论没有机会获得更为深入的发展。面对劳动者弱势地位理论的局限带来的对现实指导的失调，一种调和论逐渐兴起。

二、调和论转向之批判

针对劳动者弱势地位理论面临的问题，劳动法的理论根基开始转向调和论。例如，调和论在学术上的表现或论证就是强调在保障劳动者最低劳动基准的法律框架下，最大限度地赋予用人单位对待劳动者的自主权。也就是说，从整体上看，一个有活力的经济体系必然是一个高效率的经济体系，一定会为劳动者带来更多的福利。

（一）对调和论方式的批判

调和论将劳动者当下的个体利益寓于未来的长远利益，以此作为论证手段，但其强调的整体长远利益并不必然会转化为个人利益。调和论宣传注重的长远利益，只不过是个人利益的不确定性的延迟到来。但是，对这种长远利益在何种程度上会增加个人利益，以及当下个人利益的主张如何会削弱长远利益，调和论并没有进行论证。是否现在主张权利，这只能是劳动者的个人自由。长远利益如果确实能够发挥作用，仍需要将某种制度性因素与劳动者的个人利益结合起来，否则仅仅是一种乌托邦式的愿景。以劳资双方最为关切的利益分配问题为例，马克思指出，依照概念来说，地租和资本利润是工资受到的扣除。但是，现实中，工资却是土地和资本让工人得到的一种扣除。① 正是具体相关制度的缺乏，使得工资分配有时难以从经济整体中获益。

调和论的长远利益与个人利益关系逻辑陷入了过于简化原因的非形式谬误，劳动者个人利益的主张并不会必然因不利于企业的长远利益而削弱劳动者个体的将来利益。长远利益与个人利益的转化需要诸多原因，调和论在这一关键问题上没有给出任何论证，而是完全留给了市场，只在最低工资方面有所保留。即便是在经济学领域内部，工资分配的问题也并不像调和论所讲的那么简单。亚当·斯密认为，工资是由劳资双方讨价还价的能力决定的。这些能力包括工人组建工会的能力、雇主组建其自己的联盟的能力，以及雇主运用政府力量削弱工人工会的能力等。② 李嘉图认为，劳动的自然价格并非固定不变，而是取决于习惯和风俗，劳动力的市场价格最终要符合劳动力的自然价格。③ 古典经济学家都不认为市场是最终决定工资的应然因素。斯密认为劳动者联合的力量更为重要，相比之下李嘉图则柔和一些，认为风俗和习惯更为重要。二者共同之处在于指出工资的高低与经济的发展并没有必然的联系。只是到了近代，新古典经济学发明了工资的 VMP（边际产品价值）理论，认为劳动的边际生产率是可分割的。劳动者的工资之所以偏低，是因为其创造的价值低。劳动者要想获得高工资，就必须创造更多的价

---

① 《马克思恩格斯文集》第一卷，人民出版社，2009，第 123 页。

② 亚当·斯密：《国富论》，唐日松等译，华夏出版社，2005，第 50~51 页。

③ 大卫·李嘉图：《政治经济学及赋税原理》，周洁译，华夏出版社，2005，第 65~68 页。

值。这就依赖于经济的发展。然而经济学家阿德勒指出："劳动的VMP根本不存在……因为劳动的VMP与其所属团队的产出是密不可分的，在不增加任何额外的资本品或其他工人的情况下，工人是不能一个一个地添加到生产上的。"① 也就是说，劳动者的工资与分配制度密切相关，在缺乏立法保障的情况下，经济发展并不会必然增加劳动者的个人利益。可以看出，调和论在逻辑上存在问题，在诸多重要的原因中仅仅笼统强调长远利益。在缺乏与其相耦合的制度构建时，这种整体的长远利益与个体的当下利益缺乏相关性，难以作为劳动立法的理论根基。

（二）对调和论目标的批判

调和论使劳资双方以构建一个社群意义上的共同体为目标，以双方所依据的经济利益作为社群意义上的纽带。除了用长远利益弥补当下劳动者个体的利益损失外，调和论还将经济利益作为共同体形成的因素，认为双方不仅存在一种契约关系，而且存在一种休戚与共的共同体关系。然而，单靠经济利益，难以形成一种社群主义下的群体，从而难以出现真正的包容与关怀。社群主义所赖以维系的价值，在时空上与个人息息相关，是个人生活不可分离的一部分。这种社群价值观念历时性地塑造了个人，远不是经济利益所能相提并论的，甚至社群主义的价值与经济利益所蕴含的功利主义式的避苦求乐相反，在某些情况下经济利益并不更重要。社群主义中的共同价值乃是追求一种社群中的德性，强调德性价值对个人所应具有的约束作用。麦金太尔甚至认为，德性传统与现代经济制度是不一致的。现代经济制度将个人占有欲及市场价值提升到社会的中

① 莫什·阿德勒：《我们的生活为何艰难——普通人的经济学》，陈小白译，华夏出版社，2013，第152页。

心，这与德性传统是不可通约的。[①] 由此可见，以功利性的结果为导向的调和论不能将劳动者与用人单位结合为一个社群意义上的群体。因为经济利益在时空中难以作为形塑某社群的品德因素，仅能在后天理性的驱使下作为控制人类行为的外在标准。公司、企业亦难以成为一个天然的社群，虽然也有企业宣扬员工与企业是一家人，但那只是一种拟制的、带有修辞意味的理想。

在自然形成的社群中，社群主义所推崇的社群价值观可以化解纠纷，而不是调解纠纷，纠纷中的一方会认识到自己不应有某种行为。调和论则缺乏这样具有穿透性的价值。调和论所赖以为基础的利益观念，并未否认权利存在的正当性，但是在实现的方式上有所保留。拟制的社群缺乏自然社群能够发挥制约作用的、超越于各方之上的习惯、传统。面对纠纷，它仅仅是暂时性地掩盖了其存在。正如有学者指出，当下劳动者表面上不存在自主性发挥的障碍，却面临资本的意识操控。“他们相信个人发展和企业宗旨之间存在着真正的联系。在他们目前的处境中，他们被迫认为异化劳动能使他们的才能得到充分发展，从而成为对自身异化和剥削的共谋，别无他途。”[②] 这实质上是通过主体化的幻想对劳动者实际所处的客体地位进行伪装。物化的劳动相对于劳动者成为主体，作为人的劳动者则降格为客体。劳动主宰着劳动者，资本运作所要求的劳动形式与内容控制着劳动者的精神与意识，劳动者在工作中只能无条件遵从资本运作下劳动所应发挥的作用。物化的劳动在资本运作的过程中，从利润最大化的目标出发，以对抗最小化的方式指挥着劳动者。

---

① 顾肃：《自由主义基本理念（修订版）》，译林出版社，2013，第 547 页。

② 达尼-罗伯特·迪富尔：《西方的妄想：后资本时代的工作、休闲与爱情》，赵飒译，中信出版社，2017，第 94 页。

（三）对调和论本质的批判

从本质上看，调和论是一种共时性结构主义下的功能论。调和论将劳动问题化约成促进效率与否的社会结构上的问题，并认为个人利益必然蕴含于其中。这种高度精练、趋向量化的研究方法消除了历史思想，用无历史性的公式取代了具有历史特性的价值，造成了人们的意识历史连续性的萎缩。① 面对社会快速而又剧烈的变化，调和论试图通过增强结构的弹性来容纳变化带来的冲击，但这仅仅是一种策略性的安排，缺乏作为立法理论根基所应具有的普遍性、根本性和目的性。现实社会中的各种劳动关系差别不断增强，并且有异质化的倾向。调和论没有对种种外部条件提出反思性重构，而是在某种程度上以社群主义为取向，通过一种类似于苦行主义末世论的论调来取消现世实践的必要性与正当性。调和论的逻辑起点是经济结构的维护与经济效益的促进，人的主体实践这一具有历史性意义的方面被消解。

世界经济发展并不均衡，区域之间、行业之间的差别程度较大。这种不均衡性所衍生的劳动关系理论，很难被囊括在一个刚性的制度构架下。如果限制程度过低，会损害能力较弱的劳动者的权利；如果限制程度过高，会损害部分企业的利益。劳动法作为调整劳动关系的根本法，其效力范围乃是全域性的。对此，劳动法的理论根基并不是在上述二者之间取一个中间值那么简单机械，不应陷入经济决定论的逻辑之中。马克思在《1844 年经济学哲学手稿》中深刻地指出，只要工资的提高以资本的积累为前提并且导致资本的积累，那么劳动产品就会越来越作为异己的东西与工人相对立。② 劳动法的理论根基不应仅仅是将人的发展囊括于经济的发展

① 施密特：《历史和结构——论黑格尔马克思主义和结构主义的历史学说》，张伟译，重庆出版社，1993，第 1~3 页。

② 《马克思恩格斯文集》第一卷，人民出版社，2009，第 121 页。

中。任何不把工人作为人来考察，而把人只作为工人来考察的理论都难以成为劳动法的理论根基。经济学家奈特认为，盲目地追求效率进而获得丰富的结果并不意味着人的发展，因为“从根本上说，生活是对价值领域自身的探索，而不仅仅是生产给定的价值。清楚地看到这一点，也就明白了为什么大量关于社会效率的讨论都是徒劳”①。马克思主义认为，人类的生活是一种类生活，人的存在是一种类存在。这种类生活、类存在不具有集体性，而是指“人把自身当做现有的、有生命的类来对待”②，也就是作为自由的、普遍的人的生活与自身的同一。相反，异化的劳动把类生活变成维持个人生活的手段。调和论是从劳动的外在性入手来探讨对劳动者的保护的，忽视了类存在意义下人的劳动问题。这个问题是不能通过工资或福利待遇的提高而自动解决的，需要进行历史向度的实践考察。调和论将重点放在结构的共时性上，缺乏解决这个根本问题的基础。

综上所述，调和论仅仅着眼于社会运行结构稳定，主张适当增加劳动弹性，抽去了劳动的历史向度，并以社会结构的稳定高效运行必然会有益于个体成员的理念祛除了价值评判。从更为根本的意义上讲，没有理论内核的调和论并不是一种理论，而更类似于一个理论“帝国”。它悬置历史，空间永远开放，将过去与将来统统汇集于自身秩序之中。关于劳动者弱势地位理论面临的诸多问题，调和论不能有针对性地解决，而是掩盖了问题。掩盖的方式就是通过形式上的自由否定劳动者的权利实现。因此，调和论不能作为劳动法的理论根基。

① 弗兰克·奈特：《经济学的真理》，王去非、王文玉译，浙江大学出版社，2016，第64页。

② 《马克思恩格斯文集》第一卷，人民出版社，2009，第161页。

三、劳动法理论再构造

劳动法的立法根本不在于雇佣制度下对劳动者物质或精神的保护。恩格斯在《英国工人阶级状况》中指出，资本主义越发展，就越不能采用作为它早期阶段的特征的那些小的哄骗和欺诈手段。工资低、劳动条件差等问题随着充分的自由竞争会自动解决，这种动力自发地来自大资本家通过竞争吞并小资本家的欲望。① 可见，劳动者弱势地位理论之所以缺乏根本性，不能作为劳动法的理论根基，是因为其并没有从根本上解决自由竞争所不能解决的问题。随之而来的调和论仅仅是一种表面上的应对，一种共时性结构基础上的功能整合，去除了劳动者主体的历史性实践向度所具有的意义。面对资本运作的新型化发展，劳动立法的理论根基应当以尊重、促进、维护作为主体的劳动者的实践性为目标。要通过人的历史性的实践来促进人的发展，而劳动是现代社会实践方式的主要表现。强调劳动者主体地位的必然是与资本作为主体的结构相冲突的，这种冲突的本质就是劳动与资本在市场中对主体地位的争夺。这种冲突是必然的，而调和论缺乏相应的根基，是一种无方向的、静态的理论。劳资冲突自资本主义兴起以来未曾断绝，而且历史上保护劳动者的法律制度也大都与劳动者的斗争密切相关。马克思主义指导下的主体地位实践所可能导致的冲突是一种争夺主体地位的冲突、一种争夺劳动话语叙事的冲突、一种历史向度中的实践论的冲突，而不仅仅是以改善劳动者物质条件和减轻劳动者精神压力为目标的冲突。对此，应当从以下几个方面进行构建。

---

① 《马克思恩格斯文集》第一卷，人民出版社，2009，第 366~367 页。

（一）构造框架上要脱离市民社会范畴

市民社会是人类历史发展到一定阶段的产物，其本身具有历史局限性。市民社会是一个需要体系的社会，“每一个特殊的人都是通过他人的中介，同时也无条件地通过普遍性的形式和中介，而肯定自己并得到满足”①。市民社会下的劳动只能是满足特异化需求的特异化手段。② 市民社会下的劳动观与劳动者相异化，劳动者之所以忍受这种不快，只是为了避免更大的不快，如饥饿。但劳动与劳动者之间不应是一种主客体分离的关系。“固然劳动可以创造出人类基本生活所需的物质产品，但劳动是与人的尊严密不可分的，劳动的哲学不应仅仅局限于劳动创造价值这个面向，而是应当从人的尊严、人类的存在的角度来加以认识。”③ 马克思主义认为，劳动是人类存在的类方式。劳动应当促进人类发展，而非仅仅是满足欲望的工具。“生产劳动给每一个人提供全面发展和表现自己全部的即体力的和脑力的能力的机会，这样，生产劳动就不再是奴役人的手段，而成了解放人的手段。”④ 劳动法的理论根基不应局限于市民社会的框架，否则劳动会被商品化，劳动者利益亦将受到损害。

跳出市民社会范畴思考劳动法的理论根基，其中最重要的就是避免民事化的思维方式。民法是维护市民社会的基础，但其体现的民事化思维不应成为劳动法的立法思维，因为这种思维方式下的劳动只是一种物化的劳动。“劳动法的特征恰恰在此：更接近生活真实。劳动法不同于抽象的民法，它把人具体化为企业主、工人、雇员，不仅有个人，还有工会和企业，不只有自由订立的契约，还有

① 黑格尔：《法哲学原理》，范扬、张企泰译，商务印书馆，1961，第197页。

② 黑格尔：《法哲学原理》，范扬、张企泰译，商务印书馆，1961，第209页。

③ Donald Clark Hodges, “Towards a Philosophy of Labor,” *The American Journal of Economics Sociology*, Vol. 21, NO. 4 (1962): 371-372.

④ 《马克思恩格斯全集》第二十卷，人民出版社，1971，第318页。

构成所谓自由契约背景的重大经济上的权力斗争。”① 劳动立法并不是将劳动当作商品，而是将劳动视为保障主体化实践。从更为根本的意义上讲，以市民社会为基石产生的公共领域并不具备实现讨论劳动立法相关问题的条件。按照哈贝马斯的理解，人们在公共领域中通过交往理性达成可以接受的结果是有一定的前提条件的，即公共领域中的个人彼此之间拥有平等话语权、自愿参与到问题的讨论之中。其讨论对象是与公民密切相关的政治问题，而劳动问题并不能等同于政治问题，二者的区别在于劳动问题所针对的对象并不具有政治问题那种广泛的辐射性，缺乏形成共识的基础。

具体而言，劳动者的实体权利常常被程序剥夺。在劳动争议解决层面，有一些争议没有被纳入司法保障之中，导致劳动者的权利无法得到救济。这其实也就否决了劳动者的这项权利。背后的根源则在于民事化思维的滥用。以涉及福利待遇的纠纷为例。法院一般认为福利待遇是用人单位行使自主权的范围，不发是本分，发了是人情，发与不发、发放的对象及数额都是司法不能介入的，劳动者坚持要求主张某福利待遇是缺乏依据的。这种观点的逻辑完全是民事上的所有权逻辑，简单来说就是“我的单位我做主”。在对外经营方面可以如此，在对待劳动者方面，这则不成立，因为涉及根本的平等、公正问题。这时就需要社会法介入，而不是在民事思维下继续演绎。

（二）构造对象上要突出劳动的共性

劳动这一普遍形式从不同角度被割裂为不同的领域。例如，从劳动的付出形式角度看，劳务关系被排除在劳动关系之外；从从业者的地位角度看，企业高管、自由职业者等被排除在普通劳动者之

① 拉德布鲁赫：《法学导论》，米键、朱林译，中国大百科全书出版社，1997，第 81 页。

外。这些都是在资本分工的情况下形成的对人类劳动的割裂。一方面，它导致了劳动法保护对象的限缩；另一方面，它消解了劳动者独立的主体地位，将这种主体地位依附于资本的变换过程，实质上取消了劳动者的自主性。劳动法理论应当在被碎片化的与劳动有关的关系中突出劳动的共性，将众多领域统一起来；应更加注重劳动对人类自身发展的促进作用，强调人类的主体地位，而非依附于经济增长目标。也就是说，劳动法的理论根基在于整合现行狭义的劳动关系、劳务关系、人事关系等。不同劳动领域的区分不应成为劳动权利减损乃至异质的理由，不能仅仅出于对效益的追求而忽略劳动所蕴含的人的尊严，以至于抹杀人的主体地位。虽然现代经济社会呈现出多种类、多层次的发展态势，但劳动法的构造不应在资本分化运作所致的局面中迷失方向。在这种背景下，劳动法理论应突出主体地位这一主线，特别是要防止劳动碎片化，恢复人的劳动对物的资本的主宰地位。

具体而言，劳动碎片化的结果之一是同工不同酬。这里的“酬”不仅指工资，还包括各种待遇。这背后折射出的是迥异的法律地位。是否是正式员工等区别会使相同的劳动内容产生差别巨大的法律评价。解决这个问题不是修改法律那么简单，而是要从根本上恢复人的主体地位，看到不同形式的劳动仅是带有共性的人类实践的不同方式。不同方式的法律规制应体现对主体的关怀，而非服膺于资本的结构。

（三）构造方式上要维护劳动者实质上的意志自由

主体的实践离不开意志的自由，在受制于历史发展条件的情况下，虽然绝对自由难以实现，但仍应是社会所追求的目标。有德国劳动法学者总结道，劳动法的历史就是为克服合同自由观念缺陷而奋斗的历史。[①] 的确，劳动领域中，劳动者的意志自由往往更受到潜在、间接却有力的压制。这种压制还往往带有欺骗性。在一些情况下，劳动者之所以努力工作，并非出于真实的意愿，而是迫于劳动市场与资本运作共同的压力。社会学家布若威深刻地指出，资本主义下的工作创造出了一种类似游戏的机制，但问题在于，“就逻辑和经验而言，参与游戏与规则的合法性，哪一方是先在的”。在这种虚假的游戏中，“游戏自身的来源不在于预先注定的价值共识，而在于为了适应内在于工作中的剥夺的历史性特殊斗争以及与资方争夺定义规定的权力的斗争之中”[②]。在这种情况下，劳动者的同意只是一种被制造的同意，而非真正的意志自由行使下的同意。有着主体地位的劳动者的实践，应当建立在意志自由的基础之上。马克思在《神圣家族》中指出：“思想本身根本不能实现什么东西。思想要得到实现，就要有使用实践力量的人。”[③] 只有拥有实质意义上的意志自由，劳动者才能充分实践。意志自由是思想与实践的桥段，只有在这个意义上，实践才可以被称为人的实践。虽然自由会受到历史条件的限制，但这应当是一种非人为构造的、无意识的局限。以主体实践为根基的劳动立法不应当局限于保护形式自由，同时应注重保护实质自由，拆解人为的约束性框架。强调劳动者实质的意志自由，是促进劳动者实践的前提，还有助于克服劳动与人的疏离。一方面，它能使劳动过程中的物质反映主体的存在；另一方面，它能使主体将自身的价值投射在物质之中。这是劳动主体与劳动客体互为交融的状态。劳动不再像瘟疫一样使人逃避，而是能促进人类的健全发展。它使人类作为能动的客观存在，通过以劳动

---

① 曼弗雷德·魏斯、马琳·施米特：《德国劳动法与劳资关系》，倪斐译，商务印书馆，2012，第 48 页。

② 迈克尔·布若威：《制造同意——垄断资本主义劳动过程的变迁》，李荣荣译，商务印书馆，2008，第 90 页。

③ 《马克思恩格斯文集》第一卷，人民出版社，2009，第 320 页。

为主体的社会实践，不断克服着与世界的疏远、对立、异化。

权利的实效与权利主体是否实际拥有自由行使权利密切相关。劳动者在形式自由的情况下不行动，这并不是一个性格或习惯问题，而是一种现象，是劳动者在面对相关条件时变得毫无意志所必然产生的、不可避免的后果。会对劳动者的意志自由造成阻碍的问题恰恰是社会法所要解决的问题。与民法上的欺诈、胁迫、乘人之危等不同，劳动法要协调和管理的影响意志自由的因素更加广泛，也更加隐蔽，其产生的不利影响也更为深远。劳动法需要积极作为。

总而言之，作为主体的人在现代社会中的实践更多的是和平的合作、创新。实践不再仅仅是主体与客体之间的主动—被动关系，更主要的是主体之间的互动关系，这种关系往往经由在市场中的劳动而达成。需要注意的是，社会主义市场中的实践与资本主义市场中的实践有本质的不同。资本主义市场中的劳动者仅仅作为资本，作为一种异己的力量、异化的主体而存在。社会主义市场中的劳动者的实践要以人作为物的主体，在人的解放这一历史性向度下，不断探寻既适合实际又具有引导作用的实践方式。哲学家恩斯特·卡西尔认为，人的突出特征正是人的劳动。“正是这种劳动，正是这种人类活动的体系，规定和划定了‘人性’的圆周。”① 劳动法的理论根基就是在社会劳动作为人类实践的主要方式的情况下，保障劳动者在资本运作中始终是实践的主体。

第三节　以劳事关系统领劳动法律制度

劳动是人类实现自身价值的方式。随着社会的快速发展，劳动

① 恩斯特·卡西尔：《人论》，甘阳译，上海译文出版社，1985，第87页。

被化约为各个领域内的劳动力的使用，相应的法律关系也被分化为人事、劳动、劳务、劳改等关系。这导致了一些社会问题。从法律的角度解决这些问题，不是仅仅在各个分化领域内加强立法，而是要从整体出发，在结构上整合分化。

一、劳事关系与劳动关系

（一）劳事关系并非以劳动者弱势地位理论为基础

劳动关系是指受劳动法律调整的一种法律关系。《劳动法》第二条规定，在中华人民共和国境内的企业、个体经济组织和与之形成劳动关系的劳动者，适用本法；《劳动合同法》第二条规定，中华人民共和国境内的企业、个体经济组织、民办非企业单位等组织与劳动者建立劳动关系，订立、履行、变更、解除或者终止劳动合同，适用本法。通过以上规定，可以看出，劳动关系是指用人单位与劳动者之间的关系，而且用人单位应当是法人或非法人组织。劳动立法的目的是保护劳动者合法权益，建立和维护社会主义市场经济的劳动制度。也就是说，当下劳动立法是市场经济制度下合理配置劳动力的立法。劳动关系由此成为劳动者出卖劳动力、雇佣者使用劳动力的关系。这种关系的法律构造是以劳动者弱势地位理论为依托的，强调劳方和资方在地位上不平等，资方拥有更多的生产资料、占有更多的优势，而劳方资源较少、能力较弱，与资方相比处于弱势地位。所以，在劳动合同的订立、履行和解除中，法律倾向于保护劳动者。

劳动关系的理论基础是保护在劳资结构中处于弱势地位的劳动者，前提是对抗因资本逐利本性而形成的不利于劳动者的结构。如果不强行保护劳动者，劳动者会在包括生产条件在内的资本大力节约的过程中失去自我，甚至丧失作为主体的条件。劳动关系建立在由社会结构导致的不可避免的对抗基础上。任何现存的和谐都是双方对抗的临界点。而且这种对抗不仅表现在工作场所内，还表现在更为广泛的社会生活中。有学者归纳了双方对抗的种类，认为劳资双方的权力清单包括物质策略和非物质策略、工作场所策略和非工作场所策略、正式策略和非正式策略、调解策略和改变策略等。[①]劳资双方都在各自擅长的领域采取措施，进行斗争，获利程度此消彼长。相比之下，资方在话语方面占据优势地位。新古典经济学派巨擘克拉克，在李嘉图边际生产理论的基础上，认为工人的边际生产率是可分割的，之所以付给工人的工资不高，是因为工人没有创造那么多的边际价值。诸如此类的理论在资本占主导的社会中形成了一种文化霸权，通过社会上大家认为理所当然的话语发挥作用。劳动者通过斗争提出的要求则被认为不具有理论正当性，只不过是依靠不合理的斗争手段而得到的利益。

随着经济的不断发展，马克思所描述的大工厂时代的经济形式几乎消失，各种新的经济形式不断出现。在这种情况下，有关劳动关系的理论需要有更深入的发展。

（二）劳事关系并未对劳动做出人为化区分

劳动者弱势地位理论在实际运作中，确实使劳动者的权利得到了充分保护，但这并不意味着劳动得到了认真的对待。从外部层面讲，劳动关系将劳动本身分裂开来，与劳动关系相对的，还有劳务关系、人事关系、劳改关系等。德里达认为，在人类对社会认知的过程中，几乎不存在中立性的对立划分，二元对立中的一极经常处于支配地位。[②] 也就是说，上述关系对劳动的划分，并非一种中立

① 诺埃尔·卡斯特利、尼尔·M. 科、凯文·沃德、迈克尔·萨默斯：《工作空间：全球资本主义与劳动力地理学》，刘淑红译，江苏凤凰教育出版社，2015，第 32 页。

② 斯图尔特·霍尔：《表征：文化表征与意指实践》，徐亮、陆兴华译，商务印书馆，2013，第 348 页。

的划分，而是暗含某种不平等。劳动关系相对于劳务关系、劳改关系处于优势地位，而相对于人事关系又处于弱势地位。这种不平等是一种结构上的不平等，而非仅仅是法律实施的问题。以上与劳动相关的关系，主要是基于多元对立的角度进行划分的。仅仅以经济的发展为目标，而对其他方面尤其是劳动的本质有所忽略，显然不妥。经济的快速增长目标可能会使劳务关系成为规避劳动关系对资本进行法律约束的领域。按照现行法律，劳务关系是一种普通的民事关系，不受劳动法调整，劳务人员完全享受不到劳动法赋予劳动者的种种权利。这种劳务关系的认定方式，有一部分却是通过法律对本属于劳动关系的情形强制规定视为劳务关系来达到的。譬如，建筑领域对农民工的雇佣被法律规定为劳务关系。

劳动被法律划分为不同的种类，而且付出劳动的人在不同的关系中享有的权利、承担的义务差别很大。不过，这并非基于分工提高效率的考量，而是源自一种社会化区分。劳事关系的基础则是将劳动整体作为调整对象，而非人为地将劳动区隔为彼此差异很大的对象，从而能防止将劳动符号化。

（三）劳事关系更加凸显劳动宪法层面的含义

劳动关系没有很好地涵盖宪法意义上的劳动者，甚至有所冲突。劳动关系中的劳动者是指特定情况下的被雇佣人员。这种划分虽然促进了经济建设，但忽略了劳动者在宪法上的意义。萨克斯认为，宪法价值的效力是明确的，而且明白清晰地彰显在宪政体制当中。我国宪法的构建基础就是剥削阶级作为阶级已经消灭，人剥削人的制度已经消灭。所有公民都是自食其力的劳动者，只不过在经济发展所需的不同形式下付出的劳动不同，不仅包含传统的物质劳动，还包含大量的非物质劳动。西方马克思主义学者奈格里将现代非物质劳动分为三类：被信息化和融汇了通信技术的大工业生产劳动；带有分析的创造性和象征性任务的劳动；涉及感情的生产与控制的劳动。① 但是劳动形式的差别不能消解劳动者的主体地位，劳动关系本身在将劳动者具体化为被雇佣者的同时消解了劳动者的宪法意义，这也是产生劳资冲突的原因之一，因为支撑此种劳动关系的工资、工时等制度安排难以发挥符合宪法意义的作用。

相比之下，劳事关系从法律的视角考虑劳动这一整体的活动，而不是将其划分为下位的各种法律关系。劳事关系以宪法规定的劳动主体为依托，以劳动整体为切入点，来对人类劳动的现实化、社会化进行规范，防止劳动的异化。劳事关系强调不同形式的劳动所具有的共性，注重解决其面临的共同问题，并确立不可突破的保护底线；强调人类的主体地位，更加注重劳动对人类自身发展的促进作用。也就是说，劳事关系整合了劳动关系、劳务关系、人事关系和劳改关系。不同劳动领域的区分不应成为劳动权利减损乃至异质的理由。劳事关系反对仅仅出于对效益的追求而忽略劳动所蕴含的人的尊严，甚至最终颠倒人的主体地位。

二、劳事关系与民事关系

劳事关系与民事关系在本质上是相异的。民事关系是指平等主体之间的财产关系及人身关系，不能涵盖劳事关系。劳事关系的对象——劳动并不是物，不能被纳入财产关系项。马克思认为："劳动是劳动本身的非对象化的存在，因而是劳动本身的非对象的，也就是主体的存在。劳动不是作为对象，而是作为活动存在；不是作为价值本身，而是作为价值的活的源泉存在。"② 在资本主义社会

① 麦克尔·哈特、安东尼奥·奈格里：《帝国：全球化的政治秩序》，杨建国、范一亭译，江苏人民出版社，2008，第 286 页。

② 《马克思恩格斯全集》第四十六卷上册，人民出版社，1979，第 253 页。

中，劳动力被不占有生产资料的劳动者出卖给资本家，以获得谋生的工资。这是资本运作的内在机理导致的，但并不意味着劳动或劳动力被应然地视为一种民法意义上的物。劳动不是商品，劳动与人的意识、精神、尊严密不可分。劳动生产大量的物质财富这一事实，并不能证成劳动物的属性。

（一）如果把劳动视为物，就会异化劳动与人的关系

如果将劳动看作人身上的一种可以出卖的力量，无疑会将劳动与人割裂开来。实际上，劳动是人类与一般动物的主要区别，是人类创造性活动的表现。人类早期就非常重视劳动的创造性。正是在劳动过程中，人类的价值得以体现，情感得以升华。古代社会的上级阶层往往做些带有荣誉性质的事情，如政治、战争、宗教信仰和体育比赛。① 缺乏生气的、毫无目的的劳动受到鄙视。“古代社会的奴隶制（尽管后来并非如此）并不是一种利用廉价劳动力的手段，也非追求利润极大化的工具，而只是试图把劳动逐出人类生活状况的一种尝试。人类生活方式中与动物生活方式共有的部分不能被认为是人类的生活方式。”② 阿伦特也谴责类似牲畜劳作般的劳动，认为这种劳动缺乏思考，无法反映人类的本质。她提倡一种能够发挥人类创造性的劳动，认为人类应当成为创造之人。③ 不同于动物，人类能进行有意识的创造性活动，能发挥自身的主观能动性。劳动是主体构成意义上的人的一部分。劳动与人不可分割，分割无异于将人看作一种手段。用手段性遮掩目的性，这有损人类的尊严。

① 凡勃伦：《有闲阶级论——关于制度的经济研究》，蔡受百译，商务印书馆，1964，第 3 页。

② 汉娜·阿伦特：《人的条件》，竺乾威等译，上海人民出版社，1999，第 81 页。

③ 理查德·桑内特：《匠人》，李继宏译，上海译文出版社，2015，序言，第 9 页。

（二）如果把劳动视为物，就会否定劳动的创造性

如果把劳动视为可以买卖的物，劳动就会被标上客观价格。一旦被售卖出去，劳动所产生的价值就会被劳动交易的价格等值化。也就是说，无论劳动创造了多少财富，向劳动者支付工资都会被认为是一种基于公平的交易。这样一来，劳动的创造性，即超过工资所创造的价值部分就无法体现了。哈维总结道："货币与构成价值的社会劳动是分不开的，但两者也是不同的。货币把社会劳动（价值）的非物质性隐藏在它的物质形态后面。"① 有学者指出："随着经济总量的快速增长，不是工资侵蚀利润，恰恰是利润侵蚀了工资。"② 这种局面的形成，就源于人们在观念上将劳动物化，进而将市场价格视为劳动价值的体现。劳动者像出卖其他商品那样，表面上公平、自由地出让自己的劳动力，但劳动力并不表现为固定的量，而是劳动者与生俱来的可变能力的充分表现。英国社会学家威利斯指出，体现于个人（劳动者）、国家和法律尊严之间的表面上的等价关系，从本质上看，是用"有限的资金购买了一种无限的能力，而且由于人们允许，也不反对将这种行为继续下去，劳动力的买卖被社会合法化"③。虽然劳动形式日趋多样，但劳动所创造的价值尤其是剩余价值并不会因为难以度量而消失。基于此种原因，劳动不应被视为任何形式的物，劳动与物化的表现即工资之间并不存在一种等值的关系。

（三）如果把劳动视为物，就会否定劳动者的主体地位

如果劳动被视为物，那么在资本运作的过程中，物化的劳动相

① 大卫·哈维：《资本社会的17个矛盾》，许瑞宋译，中信出版社，2016，第20页。
② 杨昕：《中国GDP中劳动报酬份额下降研究》，上海人民出版社，2016，第198～199页。
③ 保罗·威利斯：《学做工：工人阶级子弟为何继承父业》，秘舒、凌旻华译，译林出版社，2013，第173页。

对于劳动者就成为主体，而作为人的劳动者就降格为客体。劳动主宰着劳动者。资本运作所要求的劳动形式与劳动内容控制着劳动者的精神与意识。即使在信息化时代，生产方式的变化也没有从根本上恢复劳动者的主体地位。有学者指出："在生产方面，工人不再服从上级，而是要服从计算机指令。劳动者被捆绑在封闭的网络空间中。而且，希望获得及时服务的客户经常指责反应不太快的劳动者，这会使劳动者觉得'他人即地狱'。这种新的生产方式所要求的自主能力和进取心会给劳动者带来巨大的精神压力，其造成的劳累不亚于体力劳动造成的劳累。"① 新的工作方式看似尊重劳动者的意愿，实际上仍是以物化的劳动作为根据。以往大工厂中的劳动是一种无生命的物压抑着劳动者，而新形势下的物化方式是将劳动物化为一种指挥着劳动者的有生命的物。无论哪种方式，劳动者的主体地位都没有得到彰显，而是变成了客体。物化的劳动在资本运作的过程中，从利润最大化的目标出发，以对抗最小化的方式指挥着劳动者。在当下的趋势中，劳动者表面上不存在自主性发挥的障碍，实际上却面临着资本的意识操控。劳动者变得"相信个人发展和企业宗旨之间存在着真正的联系。在他们目前的处境中，他们被迫认为异化劳动能使他们的才能得到充分发展，从而成为对自身异化和剥削的共谋，别无他途"②。这种方式实质上是通过主体化的幻想对劳动者实际所处的客体地位进行伪装。劳动者仍然处于资本运作中被物化的客体地位。

此外，劳事关系中的平等与民事关系中的平等不同。民事关系中的平等是个体地位上形式的平等，主要指原子化的个体在法律权

① Daniel Cohen, *Our Modern Times: The New Nature of Capitalism in the Information Age*, translated by Susan Clay and Daniel Cohen (London: The MIT Press, 2003), p. 6.

② 达尼-罗伯特·迪富尔：《西方的妄想：后资本时代的工作、休闲与爱情》，赵飒译，中信出版社，2017，第 94 页。

利的享有、行使乃至救济方面的平等。相比之下，劳事关系强调的平等主要是主体结构上的平等。而且这种结构上的平等与民事关系中对弱者的保护有本质的区别。民法对弱者进行必要的保护，如对消费者、未成年人、老年人等因信息不对称或者能力不足、欠缺等而无法有效实现平等的群体予以特别保护，其中不存在结构上的不平等。主体结构上的平等是指类型化的群体在法律设定的层次上的平等。

综上所述，劳事关系并非民事关系的一部分，二者在本质上相异。劳动并非民法意义上的物，而且劳事关系的平等也与民事关系的平等大不相同。

三、劳事关系作为一种独立的法律关系

劳事关系是一种新型的法律关系，既与劳动关系不同，又与民事关系异质。劳事关系的确立既是我国宪法的要求，也是法律的平等价值及劳动本质的要求。

（一）我国宪法的性质决定了劳事关系的基础

我国宪法明确了我国是一个社会主义国家。当然，对社会主义的具体理解甚为复杂，但这并不妨碍我们根据宪法探寻社会主义的根本特征。索绪尔认为，对一个词的理解既要注重共时性也不能忽视历时性。就“社会主义”作为我国宪法中的一个用语来说，既要从其演变入宪的过程来理解，又要从其与宪法中其他词的区别来理解。总体上说，宪法将劳动作为人类社会活动的整体加以规定，并没有将其割裂为不同的部分。虽然现行下位法律制度将劳动分别纳入多种法律关系，但宪法上确立的劳动应当统领与劳动相关的各种法律关系。

传统劳动关系是建立在资本主义体系中劳资对立的基础上的，在结构上处于弱势地位的劳动者联合起来共同与资本家作斗争，不断争取权利。在社会主义国家里，虽然在劳动过程中也存在矛盾，但是这种矛盾不是结构上的矛盾。我国宪法规定，公民有劳动的权利和义务。在剥削阶级已经被消灭的情况下，所有的公民都是自食其力的劳动者。改革开放后，我国开始转向社会主义市场经济，经济形态等发生了改变，但是对市场经济的一个约束就是先富带动后富，从而达到共同富裕。这不仅是一个道德上的口号，而且是具有宪法意义的法律要求。这就意味着当下阶段的雇主并非传统意义上的资本家，而仍然是劳动者，其与普通劳动者的关系应是一种合作的关系，并非一种结构上的对立关系。

在公法领域，公务员并非与公民相对的管理人员，并非主权者统治下的治权的工具。法国宪法学家狄骥在经过历史考察后总结道："可以说公共服务的概念正在取代主权的概念。国家不再是一种发布命令的主权权力。它是由一群人组成的机构，这些个人必须使用他们所拥有的力量来服务于公众需要。公共服务的概念是现代国家的基础。没有什么概念比这一概念更加深入地根植于社会生活的事实。"① 我国的政体是人民代表大会制度。公务员从事的工作虽涉及公共事务，但其身份与普通劳动者并无本质区别。这种情况下的法律关系是一种服务而非管理的关系，而且服务的对象是全体人民。

此外，劳动改造和社区矫正制度也涉及劳动问题。笔者认为，服刑人员的劳动与其因犯罪所受的刑罚没有法律上的牵连。他们在服刑过程中的劳动与普通自由人的劳动没有本质的区别，罪犯的身份并不妨碍其劳动者的身份。同样，在社区矫正中，让

① 狄骥：《公法的变迁》，郑戈译，中国法制出版社，2010，第7页。

被矫正人员劳动确实是矫正的一种措施，但这亦不能成为排除其劳动者身份的理由，至多与该身份是重合的关系。上述情况下的劳动是一种自食其力并逐步去除恶习的行为，而非一种惩罚的手段。

综上所述，我国宪法的性质确定了与劳动相关的各种法律关系本质上不是一种对抗、管理或者利用的关系，而是一种寻求合作、服务、实现自身价值的关系。虽然目前我国劳动主体的形态各异，但是彼此并没有本质的不同。劳动关系、劳务关系、人事关系和劳改关系等在宪法层面具有本质上的共同点，就是不存在奴役、剥削等不平等。这些关系的背后是一种新型的法律关系，虽然涉及劳动，但与资本主义国家中的劳动关系大相径庭，这就是劳事关系。在宪法的安排下，不同主体会产生因自食其力、服务他人、发展自身而劳动的关系。

（二）平等的法律价值塑造了劳事关系的框架

罗尔斯认为正义是社会制度的首要价值，强调制度正义是可欲求的目标。制度正义的主要问题是社会的基本结构的安排，它是一种合作体系中的主要的社会制度安排。① 平等是这种制度安排首先要考虑的，也是法律所要实现的主要价值目标之一。

《中华人民共和国宪法》第三十三条规定，公民在法律面前一律平等。当然，这种法律上的平等不意味着均等，而是力求在消除歧视或对特殊群体提供必要帮助的基础上实现人与人之间的一种公平的状态。正如萨克斯所说，“平等并非暗示人人的同等化或均质化，它并非指某种形式较为优越，而另一种形式则应受到贬抑，平

① 约翰·罗尔斯：《正义论》，何怀宏、何包钢、廖申白译，中国社会科学出版社，1988，第 54 页。

等乃是承认并接受彼此之间的差异。或者，至少知道差异不应导致排他、边缘化或标签化”①。平等的一个基本含义就是不应在法律上人为地制造不合理的差异。面对当下出现的一些问题，国家已经开始着手解决。例如，国务院出台的《职工带薪年休假条例》第一条明确规定，为了维护职工休息休假权利，调动职工工作积极性，根据劳动法和公务员法，制定本条例。这说明，一方面，相关立法注意到了过度区分导致各劳动领域存在不平等的问题；另一方面，不同的劳动领域之间存在共性，不应有根本差别。劳事关系是平等价值下规制劳动行为的法律关系。正如民事关系、刑事关系是对各自相关领域内的总括规定一样，劳事关系是立足于劳动的共性，对整个劳动领域涉及共性部分的一种法律规制。劳动的共性并不因各自领域的不同而在法律上有本质的差别。平等原则下的劳事关系也并不是寻求无差别的同等化，而是在整个涉及劳动的领域中确立不可侵犯的底线，确立平等的法律权利，提供平等的法律保护。

由此可见，平等作为一种法律价值及法律原则，要求对人类不同的劳动形态给予法律上的公平对待。随着经济的迅速发展，劳动形态乃至劳动观念日趋多样化、复杂化，但是这不应成为不同劳动领域异质化的理由。平等应当得到彰显，而前提就是存在一种贯穿不同劳动领域的法律关系。这种法律关系就是劳事关系。

（三）劳动对人类的意义规范了劳事关系的内涵

在市场经济中，劳动者以被雇佣方式参与社会生产，但这并不意味着劳动具有商品的属性。劳动是人类实现自身价值、认识自我的过程。现代用工形式、用工内容随着经济类型的不同而不同，在

① 奥比·萨克斯：《断臂上的花朵：人生与法律的奇幻炼金术》，陈毓奇、陈礼工译，广西师范大学出版社，2014，第219页。

信息时代，资本与劳动重构形式多样，形成许多非典型雇佣形式，其中涉及脑力劳动、体力劳动甚至情感劳动。这些新的变化都是劳动从人类潜能转化成现实的形式，不同的劳动形式是人类实现自身价值的不同的方式。劳事关系就是人类在社会中通过多种途径实现自身潜能时所具备的法律关系。

马克思主义认为，劳动是人类的重要面相，是人类最为本己的活动。这种本己的、非对象化的活动就是一种活劳动，一种主体自为的、非对象性的存在。马克思将劳动的非对象化视为一种劳动主体的存在。“活劳动就是活劳动能力的劳动，就是活劳动能力自己的生命的表现。”① 劳动作为劳动者生命运动的客观形式和生命价值的现实体现，其存在有着本身独立的意义，它同时是人的生存、享受、发展的过程，是人类世界的目的本身。《资本论》既批判剥削，反对资本家对劳动者剩余价值的无偿占有，也在更深层次上批判劳动的异化，批判人类异化的生存方式。如果完全异化为异己的、外在的对象关系，劳动者在自己的劳动中就“不是肯定自己，而是否定自己，不是感到幸福，而是感到不幸，不是自由地发挥自己的体力和智力，而是使自己的肉体受折磨、精神遭摧残。因此，工人只有在劳动之外才感到自在，而在劳动中则感到不自在，他在不劳动时觉得舒畅，而在劳动时就觉得不舒畅”②。无论是劳动者还是资本家，在资本这一具有动态性质的运动中，不断积累的要求都会异化双方的生活。劳动应当成为表现主体自身的一种方式。正是劳动的这种特殊性，决定了在诸多劳动形式中，应当存在一种更为根本、更为抽象的法律关系，这就是劳事关系。

劳动的特殊性在于它体现了人类手脑并用的创造性过程。在把

① 《马克思恩格斯全集》第四十六卷上册，人民出版社，1979，第 460 页。

② 马克思：《1844 年经济学哲学手稿》，人民出版社，2000，第 54 页。

"labour"一词引入中国时，学界有过一番争论，出现了"劳动""作业""勤劳""劳作"等翻译。经过分析 labour 的应然属性，有译者以为"劳动过于实际化，作业或勤劳又缺乏创作、创造的意味，作为也不十分妥善，比较适宜的惟有劳作二字。劳是勤劳之劳，作非作业之作，而是创作之作，此译语不但含有道德性且更含有创造的意义"①。可见，当时有些人倾向于使用"劳作"一词，因为劳动这一人类基本活动不仅包含实际的体力付出，更应包含创造性。劳动是人类生命运动的客观形式，在其中，人类精神得到升华。劳动是人的生存、享受和发展的过程的统一，是人类世界的目的本身。为了在现实社会中保持住这一原本的含义，法律制度的保护必不可少。制度建立的根基就是能彰显劳动这种应然含义的劳事关系。"劳事"一词，既包含对劳动付出保护的意义，又包含对劳动过程中人类主体创造性的尊重。这种保护与尊重不仅具有道德意义，而且具有法律意义。

综上，劳动这种反映人类创造性的活动，蕴含着人类的生存意义。今天的法律制度需要将蕴含着人类意义的劳动与并不完美的现实结合起来。这种制度的基础不应是从根本上将劳动分割为不同的种类，分别加以管理。相反，这种结合是在诸多劳动形式的基础上进行制度的建构。劳事关系是应然的劳动在现实中展现自身的制度路径基础，其确立具有重要意义。

四、劳事关系确立的意义

劳事关系将不同法律领域内的劳动统一了起来。人事关系、劳动关系、劳务关系、劳改关系等概念，虽然从不同法律视角对劳动

① 李化方：《欧美劳作教育思想史》，商务印书馆，1936，第 2 页。

予以规制，但这种精细化治理在更深层次上忽视了劳动的本质，有可能导致法律适用上的不平等。马克思认为，对于劳动的一定种类抱无差别的态度，是以实在劳动种类十分发达为前提的。在这种发达体系中，已经没有哪一种劳动居于支配地位。最一般的抽象总是产生在最丰富的具体的发展的地方。① 在社会主义社会中，不同种类的劳动发展得更为充分。我们如果从中抽象出一种关系来在当下的发展阶段认识劳动，劳事关系就很合适。劳事关系从整体视角将劳动纳入法律之中，这种法律关系是对之前各种分化的与劳动相关的法律关系的纠偏，能促进主体之间的公平。在不同领域、不同部门工作的人，虽然在称谓上有所区别，但都是劳动者，彼此不应有质的差别。劳事关系是劳动在宪法意义上的具体落实。我国宪法建立的基础之一是消灭剥削，每个公民都是劳动者，劳事关系就是这种法律框架下对劳动的规制。这克服了原来将劳动分化到不同法律领域而产生的与宪法脱节的问题。劳事关系的确立避免了将劳动狭隘地理解为劳动法规制下的劳动，将劳动者狭隘地理解为受雇佣者。劳事关系是人类在社会中与他人进行合作而实现自身潜能时所具备的法律关系。在合作的过程中，人们彼此之间势必会产生冲突。劳事关系从劳动作为人类本质的实现这一角度来规范行为、化解冲突，而不是在过于具体的处理中忽视劳动的共性。

劳事关系将劳动作为一种体现人类本质的社会活动来加以规制，而非将其视为资本运作的要素，或管理社会的手段。这会促使人们将劳动与生活融合在一起，将劳动作为生活的叙事加以考虑。阿伦特批判那种无法将个人情感与价值融入劳动的状况，反对将工作本身视为目的。劳事关系就是要从法律的角度避免这种劳动与人类的异化，促使人类在劳动中意识到自身意义的实现。劳事关系从

① 马克思：《〈政治经济学批判〉序言、导言》，人民出版社，1971，第 27 页。

高于人事、劳动、劳务、劳改等具体法律关系领域的角度，来考虑劳动的法律规制问题。一方面，劳事关系克服了具体劳动中不同主体之间相互对立的局面。例如，领导与下属、雇主与雇员等都是劳动者，只是分工有所不同。在这种情况下，应当加强合作而非保持对立。当然，这种合作是真诚的合作。另一方面，劳事关系为劳动合作提供了法律制度上的支持，而不仅仅是道德说教。法律制度更加注重平等，防止因过度区分而忽视平等。不论是从立法上，还是从司法上，劳事关系都具有促进公平、增强合作的意义。

劳事关系的确立可以促进劳动之美。在古代，劳动的美源自与神灵的沟通。现代分工式的劳动打破了神话所蕴含的劳动的意义，并疏离了劳动者对劳动产品的情感。劳事关系则克服了这种疏离，从人类主体与客观世界交融的角度重申了劳动之美。无论是物质劳动还是非物质劳动，在消除了各主体之间的对立后，劳动意味着人们在合作过程中非强迫式的付出。劳事关系产生的劳动之美，不同于一般意义上劳动产品所具有的交换价值引起的欲望式的美，而是一种非功利式的发挥自身潜力的美。劳事关系一方面使劳动过程中的物质反映了主体的存在，另一方面使主体将自身的价值投射在物质之中。劳动不再像瘟疫一样让人逃避，而是能促进人类的健全发展。这种劳动之复归，不同于人类蒙昧时期的盲从，而是建立在对精神与物质的关系进行深入思考的基础上。劳事关系从法律的角度，为上述目标的落实提供了可供遵循的路径。它使人类作为能动的客观存在，通过以劳动为主体的社会实践，不断克服着与世界的疏远、对立、异化，使人与自然的关系朝着和谐统一的自由境界前进。

综上所述，劳事关系是一种独立的法律关系，它是在人类社会化背景下，将人类与劳动联结起来的制度化路径。这种联结不是一种功利意义上的顺利的物质化交换，而是人类能力的扩展、价值的实现和尊严的体现。那么，劳事关系在操作层面具体如何统领各个相关领域？我们可以总结出以下原则。首先，在劳动成为法律规制的对象时，要考虑到人的主体地位问题，不能将人异化为经济增长的手段。其次，在涉及劳动的各个法律领域，应当全面贯彻平等原则。要用法治的精神审视任何需要做出不平等规定的情况。最后，要提供充分的救济渠道。无救济，无权利。劳事关系作为劳动权具体落实的制度安排，应当具备行之有效的司法救济途径。

本章小结

对于劳动者主体地位的实现，一方面要在新形势下深刻把握其内涵，另一方面要在此基础上建立相应的制度。要通过法律制度建设，巩固、促进、实现劳动者的主体地位，做到理论与实践的统一。

首先，以目的性作为劳动权的权利属性。要确立劳动者的主体地位，首先要在制度上明确劳动权的性质。劳动权是连接上位理论与下位具体制度的桥梁，同时具有抽象与具体的特性。只有在明确劳动权的权利性质的基础上，才能合理构建起维护劳动者主体地位的制度。在我国，劳动权是宪法赋予公民的一项重要权利。它不仅涉及公民的生存，也涉及公民全面自由的发展。我国宪法中的劳动权是目的性权利而非工具性权利，这是由宪法结构、权利客体的目标价值，以及权利主体与客体的内在关系共同决定的。作为目的性权利，劳动权包括抵抗不自由劳动的权利、自由选择劳动角色的权利、自由转换劳动方式的权利。

其次，以实践性作为劳动立法的根基。受劳动权性质不明的影响，劳动立法在面临后福特制的用工特点时无法做出积极回应。这表现为内容疏离于现实、价值脱离于应然、目标固化于生产。对此，一种调和论的转向逐渐兴起，强调从整体、长远的角度看待当下个人权利的得失。调和论着眼于社会运行结构稳定，主张适当增加劳动弹性，抽去了劳动的历史向度，并以社会结构的稳定高效运行必然有益于个体成员的理念祛除了价值评判。这是不能作为劳动法的理论根基的。面对资本运作的新型发展，劳动立法的理论根基应当以尊重、促进、维护作为主体的劳动者的实践性为目标，在构造框架上要脱离市民社会范畴，在构造对象上要突出劳动的共性，在构造方式上要维护劳动者实质上的意志自由。劳动法的理论根基就是在社会劳动作为人类实践的主要方式的情况下，保障劳动者在资本运作中始终是实践的主体。

最后，以劳事关系统领劳动法律制度。劳动是人类实现自身价值的方式。随着社会的快速发展，劳动被化约为各个领域内的劳动力的使用。相应的法律关系也被分化为人事、劳动、劳务、劳改等关系。这导致了一些社会问题。从法律的角度解决这些问题，不是仅仅在各个分化领域内加强立法，而是要从整体出发，在结构上整合分化。劳事关系既不同于劳动关系，也不同于民事关系，而是一种独立的法律关系。

劳事关系从法律的视角考量劳动这一人类整体的活动，而不是将其划分为下位的不同法律关系。劳事关系以宪法规定的劳动主体为依托，以劳动整体为切入点，来对人类劳动的现实化、社会化进行规范。劳事关系强调不同形式的劳动所具有的共性，注重劳动对人类自身发展的促进作用；强调人类的主体地位，不依附于经济增长目标。也就是说，劳事关系整合了劳动关系、劳务关系、人事关系和劳改关系。不同劳动领域的区分不应成为劳动权利减损乃至异质的理由。劳事关系反对仅仅出于效益的追求而忽略劳动所蕴含的人的尊严，甚至最终颠倒人的主体地位。

劳事关系是一种新型的法律关系，既与劳动关系不同，又与民事关系异质。作为一种独立的法律关系，劳事关系的确立既是我国宪法要求的，也是法律的平等价值及劳动的本质要求的。劳事关系将劳动作为一种体现人类本质的社会活动来加以规制，而非将其视为资本运作的要素，或是管理社会的手段。这会促使人们将劳动与生活融合在一起，将劳动作为生活的叙事加以考虑。

第六章　劳动者主体地位的实践意义

服务社会是劳动观念中一个本质性因素。①

——伊夫·R. 西蒙

劳动者主体地位对于劳动法的实践具有根本性的指导意义。它可以在诸如劳动者基本权利义务的理解、用人单位自主管理权的范围等方面展开指导。本章以劳动者忠诚义务及用人单位的逆向激励为例在劳动者主体地位理论的指导下展开反思，探究法理学对部门法的指导作用。

第一节　对劳动者基本义务的反思：以忠诚义务为例

劳动者主体地位的确立对劳动者基本义务的理解发挥着至关重要的作用。劳动者基本义务是一种学理义务，对学理义务的理解需要以基本的法律原理做支撑。劳动者主体地位理论有助于深化相关认知，从而更公平地保护劳动者利益。下面以劳动者忠诚义务为例，进一步阐明这种深化指导。

---

① 伊夫·R. 西蒙：《劳动、社会与文化》，周国文译，中国经济出版社，2009，第 90 页。

一、劳动者忠诚义务当然性之反思

学界对劳动者忠诚义务一般持肯定态度，并认为忠诚义务是当然性的，是一个能基于理性推导必然产生的命题，早已内含于劳动法律关系之中。笔者认为，劳动者忠诚义务并非自然的、当然的、带有先验性质的，而是与社会实践分不开的。

关于劳动者忠诚义务之当然性，主要有以下三种观点。

第一种观点认为，劳动者忠诚义务是诚实信用原则的要求。诚实信用原则作为负载道德因素的法律原则，在社会生活中涵盖范围极广，弹性也很大，曾被施塔姆勒、海德曼等法学家誉为“帝王条款”。① 据此，有学者认为，劳动者忠诚义务是诚实信用原则的体现，“受雇人之义务为雇用人之合法利益，依诚信原则之要求应予以维护，因此受雇人应尽力避免或减少雇主之损害”②。诚实信用意味着“受人之托、忠人之事”。既然受雇于企业，双方就形成了依附性的关系，劳动者就应当对雇主忠诚。劳动者不但客观上不应侵犯雇主利益，主观上还要为雇主着想。③《劳动合同法》第三条将诚实信用的原则限定在订立劳动合同阶段，而这种观点主张“其涵盖面应当超出劳动合同订立，而及于劳动合同运行的全过程”④。

第二种观点认为，劳动者忠诚义务是附随义务的内涵。忠诚义务被认为源于附随义务是基于民事合同相关理论的类推，即劳动合同作为民事合同的特殊种类，在基本原理上应当与普通民事合同一致。民事合同的义务来源除了双方明确约定的以外，还有一种并非

① 何孝元：《诚实信用原则与衡平法》，三民书局，1977，第230页。

② 黄越钦：《劳动法新论》，中国政法大学出版社，2003，第175页

③ 李坤刚：《瑞典劳动法中雇员忠诚义务及其启示》，《安徽大学法律评论》2009年第1辑；杨益章：《忠实义务下的雇员言论边界》，《交大法学》2018年第2期。

④ 王全兴：《劳动合同法条文精解》，中国法制出版社，2007，第26页。

双方明确约定但内含于其中的义务，这就是附随义务。它是在现代社会复杂化背景下，为弥补传统立法之不足，基于保护双方信赖利益，增强协作意识，使经济关系顺利运行而形成的。① 既然民事合同理论有附随义务一说，劳动合同也应存在这一义务，只不过内容与一般的民事合同不同。而且劳动合同是一种继续性合同，合同履行过程中尤需忠诚，否则难以履行。② 据此，有学者认为，忠诚义务是劳动者的附随义务的一个主要类别③，甚至强调“在性质上，忠诚义务是基于合同性质而产生的一种默示性义务”④。所谓默示，即附随义务所包含的不言自明、约定俗成的意思。此外，还有学者认为，这种来源基于人身依附性。劳动合同兼具身份要素和债的要素，忠诚义务就是身份要素的体现。⑤ 但在现代法治社会中，封建时代的人身依附和效忠观念已不再为人们所接受。德国劳动法学者尼尔斯·施韦尔特纳认为：“人身属性已不再是劳动关系的核心要素，同样也不再是所有劳动者义务产生的本源。”⑥ 所以，纯粹基于人身依附性已经难以正当化劳动者的忠诚义务。

第三种观点认为，劳动者忠诚义务是对等原则的要求，因而是一种对应义务。所谓对等，“就是实现同等或差等对待的根据与所对待内容的形成根据相称一致”⑦。对等原则经常出现在国际法领域，强调一国给另一国某种待遇，对方也应给予相应回报。这一原则在国内法中也有体现，如《中华人民共和国民事诉讼法》规定了对等原则，强调民事司法领域在对外国人适用时，如果他国对我国

① 侯国跃：《契约附随义务研究》，法律出版社，2007，第 110~118 页。
② 许建宇：《劳动者忠实义务论》，《清华法学》2014 年第 6 期。
③ 潘峰：《劳动合同附随义务研究》，中国法制出版社，2010，第 93 页。
④ 谭倩：《论劳动者的忠诚义务》，《江苏行政学院学报》2017 年第 5 期。
⑤ 史尚宽：《劳动法原论》，世界书局，1934，第 23 页。
⑥ 李亘：《德国劳动者忠实义务的制度发展与历史变迁》，《德国研究》2017 年第 3 期。
⑦ 易小明：《对等：正义的内在生成原则》，《社会科学》2006 年第 11 期。

公民权利有限制或增益的，我国也要给予同样的对待。据此，有学者提出，在劳动关系中，雇主对雇员负有保护义务，那么根据对等原则，雇员就对雇主负有忠诚义务。① 这种观点的核心在于，工作岗位是雇主提供的，雇员应当心怀感激。而且，雇主承担了合同之外的额外保护义务，那么雇员也应当承担相对应的义务，这样才符合公平的要求。忠诚义务就是对于雇主采取保护义务或其他义务的对等形式。还有学者认为，这种对等来源于对现行劳动法“倾斜保护劳动者”原则的修正，因为该原则侧重于一方的保护反而会使背信弃义的成本过低，导致劳资利益二次失衡，有悖立法初衷，故引入忠诚义务。②

在以上观点中，劳动者的忠诚义务获得了应然层面的话语权。劳动者忠诚义务似乎具有了当然性，从而可以对现实展开批判，但这种当然性其实只是一种话语实践的构境。劳动者忠诚义务不是当然的，不是基于以上原则就必然会被推论出来的。

首先，诚实信用原则有特定的适用条件。从道德层面教导人们诚实守信是很重要的，但是如果以法律的形式将这种道德原则纳入其中，就要注意边界问题。做人要诚实守信和法律主体要诚实守信是两个不同层面的问题。诚实信用作为一项法律原则，起源并勃兴于民商事领域。民法学者梁慧星先生认为，历史上诚实信用原则“曾长期以商业习惯的形式存在，作为成文法的补充而对民法关系起着某种调整作用”③。它作为一项法律原则，是因法律规则无法完全涵盖社会现实而法官又不得拒绝裁判的情况而出现的。该原则并非存在于所有法学领域。诚实信用在刑法领域就不能作为一项法律原则而存在。日本刑法学者大塚仁指出，这乃是“想对在强大的

① 史尚宽：《劳动法原论》，世界书局，1934，第 23~28 页。

② 杨益章：《忠实义务下的雇员言论边界》，《交大法学》2018 年第 2 期。

③ 梁慧星：《民法解释学》，中国政法大学出版社，1995，第 301 页。

国家规范面前喘息不已的国民脆弱人性，倾注刑法的同情之泪”①。法律不能强制要求犯罪嫌疑人遵循诚实信用原则，自觉招供，自证其罪。在行政法领域，诚实信用原则可以适用，但适用的主体是政府而非行政相对人。行政法学者罗传贤指出：“诚信为一切行政权之准则，亦为其界限。”②

在劳动法领域，劳资争议包括两种，一种是权利争议（disputes over right），一种是利益争议（disputes over interest）。所谓利益争议，是指劳资双方在缺乏利益分配规则的情况下，因利益分配发生分歧而形成的争议，包括确定或变更某种利益的情况。③利益争议往往是为了争取更多的权利，本质上是劳资斗争。雇佣劳动作为一种社会活动，绝非只是将组装材料、制造商品、运送商品或者提供服务这样干巴巴的技术过程。即便最平凡乏味的生产行为也表明雇佣工人处于与雇主及工友纵横交错的社会关系之中，这正是其与一般民事关系的不同之处。雇主与雇员并非像普通民事主体那样享有抽象式的平等，而是牵连着各种利益。正所谓“法不强人之所难”，法律要合乎人性而非神性。劳动者利益的获得除了法律赋予的之外，主要依靠自身的斗争。这就为诚实信用原则的适用确立了边界，否则劳动者的利益难以得到保护。所以，从法律制度层面讲，诚实信用原则不能无条件地适用于劳动者，该原则亦无法证成劳动者的忠诚义务。

其次，附随义务难以适用于劳动合同。附随义务理论源于德国民法理论，起初主要是针对货物商品买卖而产生的。附随义务旨在强调当法律无明文规定、当事人亦无明确约定时，为保护对方利益和稳定交易秩序，债务人应当承担的额外义务。也就是说，在当事

① 李林、冀祥德主编：《法治中国建设的理论与实践》，方志出版社，2015，第 156 页。

② 胡建淼主编：《行政法学》，复旦大学出版社，2003，第 44 页。

③ 沈建峰：《劳动争议中利益争议的范畴及处理》，《法学》2015 年第 6 期。

人意志之外，还存在一种并未约定但实际存在的义务。契约隐含着一套旨在保护契约当事人权益的“义务网络”，这些义务包括产生于契约的解释过程注意义务、保护性义务等附随义务。① 正因如此，有德国学者从本质层面上将附随义务称为“保护义务”。② 附随义务的目的主要在于督促商品提供者履行更为全面的义务，但实质上“附随义务的确立，适度加重了债务人的义务，使法律从以前仅保障债权人实现给付义务，扩大至债权人利益的全面满足”③。然而，将这种理论毫无保留地扩大至劳动合同领域，进而认为劳动者应当为自己提供作为商品的劳动、承担附随义务则是不正当的，因为劳动（无论劳动者还是劳动力）并不是商品。劳动与劳动者是不可分割的，资本主义社会将劳动力从劳动者身上分割出来而使其成为一种商品，导致了马克思所批评的异化劳动，而这种异化最终累及的是人类本身。这无疑是对劳动者主体地位的否定。

而且，社会主义制度从根本上反对资本主义制度所形成的看似公正实则不公的现象。资本主义制度下劳动者将自身活劳动当作商品形式出卖的自由，实际上掩盖了资产阶级对劳动者不公正的隐性压迫，因为劳动者没有不出卖劳动的自由。马克思精辟地指出：“甚至按照国民经济学的基本原理，劳动也不是商品，因为它不是自由交易的自由结果。”④ 邓小平也指出：“只有社会主义才能消除资本主义和其他剥削制度所必然产生的种种贪婪、腐败和不公正现象。”⑤ 大力发展生产力固然是我国当下的主要任务之一，但这并不意味着要像资本主义社会那样把劳动视为与劳动者相割裂的商

① 罗伯特·霍恩、海因·科茨、汉斯·G. 莱塞：《德国民商法导论》，楚建译，中国大百科全书出版社，1996，第 115 页。

② 王泽鉴：《民法学说与判例研究》第四册，北京大学出版社，2009，第 70 页。

③ 张弛、鲍治：《附随义务论》，《华东政法大学学报》1999 年第 6 期。

④ 《马克思恩格斯文集》第一卷，人民出版社，2009，第 128 页。

⑤ 《邓小平文选》第三卷，人民出版社，1993，第 143 页。

品，进而推导出一套物化的理论。“社会主义的最高原则是将人置于物之上，将生命置于财产之上，因而也将工作置于资本之上。”①所以，在社会主义国家，劳动并非商品，劳动合同与民商事合同也是有根本区别的，基于后者产生的附随义务理论并不能当然地推论及前者。“既然劳动者提供了自己的商品——劳动，就应当对这种商品负有包括忠诚义务在内的附随义务”，这种观点是不正确的，因为其前提并不成立。

最后，雇佣劳动无法适用对等原则。资本主义的一个表象就是自然性，这种理论为自己贴上了自然的、永恒的标签，仿佛历史已经终结。资本主义社会自诩各项制度都是平等、自由的。既然雇主为雇员提供保护、有所付出，那么雇员亦应当对雇主有所回报，因为雇佣制度是在雇主与雇员这两个平等主体间自然产生的。然而，唯物史观并不这么认为。不是资本家养活了劳动者，而是劳动者养活了资本家。这是马克思用辩证历史唯物主义透视资本主义生产过程后得出的结论。② 马克思认为，价值具有二重性，劳动亦具有二重性。雇主通过金钱购买的不是劳动者已经完成的劳动力，而是一种具有增殖效用的活劳动。“劳动力的价值和劳动力在劳动过程中的价值增殖，是两个不同的量。资本家购买劳动力时，正是看中了这个价值差额。”③ 雇主付出的价格仅仅是活劳动再生产自身所耗费的价值，获得的却是创造价值的活劳动本身。通过使用活劳动，雇主创造的价值超过了活劳动生产自身的价值，即雇主购买的价值，剩余的价值就这样被资本家无偿地占有了。所以，马克思批判说：“在奴隶劳动下，所有权关系掩盖

---

① 艾里希·弗洛姆：《论不服从》，叶安宁译，上海译文出版社，2017，第 78 页。

② 虽然当下西方资本主义社会与马克思时代相比发生了很大变化，但这种变化仅仅是马克思理论的进一步推演，并没有改变马克思的经典理论。这部分内容，可以参见《资本的限度》《资本社会的 17 个矛盾》《帝国：全球化的政治秩序》等著作。

③ 《马克思恩格斯全集》第四十四卷，人民出版社，2001，第 225 页。

了奴隶为自己的劳动，而在雇佣劳动下，货币关系掩盖了雇佣工人的无代价劳动。”①

唯物史观揭示了资本主义社会深藏的不平等性。雇主与雇员并非处于平等的对等状态，劳动关系也并非独立、自由的主体自愿形成的关系，这背后负载着沉重的历史。对等原则忽视了这些因素，将雇主与雇员的权利义务关系看作是一一相对的，却没有看到产生这种关系的深层社会结构早已掏空了劳动者的利益。所以，并不能从对等原则中推导出劳动者忠诚义务。而且，雇主与雇员也并非处于一般民事主体间的平等状态。如果强行对前者进行人格抽象，无疑是一种理论强暴，即试图用同一性抹杀异质性，受害的必然是劳动者。

综上所述，劳动者忠诚义务并非当然性的，不应作为一种当然性的价值悬设来指导立法和司法实践。劳动者忠诚义务的产生有其特定的历史因素，应当从历史发展的角度看待这种义务。

二、劳动者忠诚义务产生的结构性因素

忠诚义务的核心在于忠诚。劳动者忠诚义务的产生与发展深刻受到社会历史因素的影响，这是与资本主义国家劳资力量结构的变化分不开的。

在资本主义的发展过程中，以工人阶级为主体的劳动者曾开展风起云涌的抗争，最终在宏观层面上构筑了能够进行自卫的并被法律承认的自我保护层，对资方形成了强有力的约束。劳动者的保护层之一就是罢工权。劳动者争议分为权利争议和利益争议。利益争议的解决手段中，罢工的效果最为显著。八小时工作制就是罢工斗

① 《马克思恩格斯全集》第四十四卷，人民出版社，2001，第619页。

争的结果。近些年来，西方国家围绕缩短工时、提高工资等事项的罢工不断出现。①

除了罢工权外，劳动者对企业的社会事务、人事事务和经济事务的参与权也是宏观层面制约资方的重要因素。在有些资本主义国家的劳动法律制度中，企业事务不再完全由资方单方面决定，劳动者也有制度性渠道参与进来。例如，在强调合作共赢的德国，《企业组织法》规定劳动者在多个领域与资方享有共决权，如福利、人事和经济领域。② 美国则形成了劳动者混合形式的参与权，包括将社会事务列为劳资谈判的强制协商内容。美国的相关改革在一定程度上提高了劳动者的参与程度，如企业账目向工会公开，允许工会知悉生产成本、长期投资计划等信息，间接促进了劳动者参与权层次的不断深入。③

宏观层面的结构性制约使资方不能任意发布命令或迫使劳动者毫无限制地劳动，但双方的博弈并没有停止。资方一直在为避开劳动者保护体系寻求新的控制手段。以带有强制力的法律的形式赋型于忠诚，就是这种新方式的探索。强调劳动者负有忠诚义务，以一种带有类似口袋条款性质的方式确立劳动者有义务从事或不从事其他与本职工作不直接相关的劳动，实质上与西方社会劳资结构性矛盾发展密切相关。具体而言，劳动者在社会结构上形成了可以抵抗资本侵蚀的保护层。面对这种抵抗性力量，劳动者忠诚义务理论作

---

① 2007 年美国全美汽车工人联合会的成员在全国范围内罢工；2009 年 1 月法国约 200 个地区发生罢工；2011 年 11 月英国爆发公营部门大罢工；2012 年阿根廷发生全国性大罢工；2015 伦敦公交司机罢工；2016 年 9 月的韩国现代企业工人罢工；2017 年 10 月意大利各地举行了全国性大罢工；2018 年 1 月德国最大的行业工会组织金属行业工会举行大罢工；2018 年 4 月法国铁路公司罢工。

② 沃尔夫冈・多伊普勒：《德国雇员权益的维护》，唐伦亿、解立斌译，中国工人出版社，2009，第 84~94 页。

③ 祁华清：《国外工业民主模式与我国职工参与制度选择》，《中州学刊》2002 年第 3 期。

为一种隐形的、占据一定话语权的、精神可操控的手段便勃兴起来，其目的在于避免与劳动者发生直接的对抗，而是通过微观的、柔性的、自然的方式构境出一种“应然理论”来驯服、开发和利用劳动者。其中，无疑存在着“对肉体的经济使用”的政治场。① 通过这种方式，可以消除劳动者纠纷产生的意识根源，削弱罢工的正当性，降低协商的制度成本，从而防止劳动者宏观上的自我保护机制过多地限制资本的运作。需要指出的是，有学者将劳动者的“忠诚义务”称为“忠实义务”。② 将“忠诚”改为“忠实”似乎形式上增加了客观性、中立性，减少了主观性，但二者在本质上其实并没有区别。通过分析这种义务的产生及发展，其暗含的微观权力关系昭然若揭。

现代法律中的劳动者忠诚义务，并非封建时代人身依附下忠诚义务的延续。二者的社会基础不一样，“认知型”也不相同。要言之，封建社会关系是人身依附性关系，资本主义社会关系是形式自由的关系。资本主义社会强调生产要素的自由配置、商品的自由流通，需要通过高效的生产、分配、交换、消费的过程实现资本的积累。一个追求效率的社会怎么会套上原先“忠诚”的外衣？岂不是自相矛盾吗？答案只能到社会实践中去寻找。正如马克思深刻指出的，“使死人复生是为了赞美新的斗争”。“从前是辞藻胜于内容，现在是内容胜于辞藻。”③ 劳动者忠诚义务表面上看是旌表人类的道德品行，根本上看则是微观权力的布展。

---

① 张一兵：《回到福柯：暴力性构序与生命治安的话语构境》，上海人民出版社，2016，第 349 页。

② 如《劳动者违反忠实义务的司法认定标准》《劳动者忠实义务论》《论劳动者忠实义务的内涵——基于法律适用的研究视角》《忠实义务下的雇员言论边界》等文章，都将忠诚义务称为忠实义务。

③ 《马克思恩格斯文集》第二卷，人民出版社，2009，第 473 页。

劳动者忠诚义务的类型划分大体有二分法、三分法、列举法。① 二分法是从义务的形态是属于作为还是不作为来划分而非义务的内容来划分的。列举法仅简单枚举，缺乏归纳。本章系从类型化角度分析忠诚义务，出于论述需要，以三分法为分析对象。从三分法的角度看，劳动者忠诚义务可以分为服从义务、秘密义务、增进义务。服从义务指受雇人在劳动上服从雇佣者之指挥监督的义务；秘密义务指受雇人有不泄露其所知雇佣者之营业上或制造上秘密的义务；增进义务指受雇人对所承受之劳动应注意审慎的义务。② 有学者在综合各方观点后将劳动者忠诚义务概括为“以服从、注意、保密、增进利益等为主要内容的各项不作为义务和作为义务的总称”③。上述对于劳动者忠诚义务内容的表述，体现了三个特点。第一，忠诚义务旨在针对工作中不可量化和尚未量化的部分。一般而言，忠诚义务的对象既包括可量化的部分，还包括不可量化和尚未量化的部分。可量化的部分基本已制度化，如禁止竞业等。即便没有忠诚义务的提出，这部分也具有可操作性。所以，忠诚义务意在针对那些不可量化或由于预见性不足而尚未量化的领域，如服从、审慎、注意、增进等。这部分词语概念外延模糊，极易被滥用。如果劳动者违反了这些部分，很可能会遭遇到法律上的不利后果，尤其是在解除劳动关系的纠纷中。第二，忠诚义务旨在使劳动者额外地无偿付出部分劳动。忠诚义务要求劳动者除了按照劳动合同约定付出劳动以外，还要额外付出与岗位职责间接相关的劳动。间接劳动既包括准备工作与收尾工作等事务性劳动，还包括

① 许建宇：《劳动者忠实义务论》，《清华法学》2014 年第 6 期；向彪：《劳动者忠诚义务的司法实践研究》，《中财法律评论》2016 年第 0 期；谭倩：《论劳动者的忠诚义务》，《江苏行政学院学报》2017 年第 5 期。

② 史尚宽：《劳动法原论》，世界书局，1934，第 22~24 页。

③ 许建宇：《劳动者忠实义务论》，《清华法学》2014 年第 6 期。

工作过程中提升工作效率等技能性劳动等。第三，忠诚义务旨在创设一种规训化、自愿式的劳动付出。通过“忠诚”这一带有道德意义的词语，忠诚义务将其内涵的控制与服从“正当化”，从而布展出模糊双方对立性地位的场景，创设出一种似自然性的意味。这能减少劳资双方的摩擦，提高效益。在这种布展的场景中，劳动者的付出不是出于强力，而是“应当”。可以说，资产阶级的隐形控制方式就是形成一种以自觉遵守纪律为生存原则的自拘性。这种自拘性带有溯源式的应然性，而非衍生式的实践性。这就可以消弭纠纷意识的产生，或者即便产生，也可以降低宏观层面的协商成本。

另外，我们可以通过竞业限制的发展脉络，窥视其背后的逻辑。起初，竞业禁止仅仅适用于商法领域的股东、合伙人，具有严格的适用边界。“1. 无限公司的股东非经全体股东同意，不得再担任他公司的无限责任股东；2. 商号转让时、让与人在一段时间内不得经营同一营业。”① 随着社会的发展，经济发展方式逐渐从劳动密集转向技术密集，劳动者也逐渐掌握了一定的企业信息与技术信息。但劳动法领域中的劳动者在本质上不同于商法中的股东、董事等高级管理人员，无法适用竞业限制。面对这种情况，忠诚义务的提出就连贯性地将劳动者也包括在内，仿佛竞业禁止是笼统的雇佣关系产生的当然性的忠诚所致。其实，竞业禁止源于经济秩序上的考量，但为了这么一个经济现实问题却构建了劳动者忠诚义务理论，仿佛除了现实经济因素外，还有形而上的道德因素，进而构境了一种具有正当性的状态。而一旦这种意识被构建起来，它就会越过最初的边界，在保密、增进、审慎等领域构筑操控网络，像毛细血管似的在多个层面更加便利地驾驭劳动者。这样资方不但增加了协商的筹码，还可以规训劳动者的未来行为。无怪乎葛兰西感叹

① 江平、巫昌祯主编：《现代实用民法词典》，北京出版社，1988，第198页。

道，产生于经济社会原初基本职能的社会集团，都会有机地制造出多个知识分子阶层，进而创造出最有利于其所在阶级的条件。①

可见，劳动者忠诚义务的实质就是资方面对劳动者宏观层面的刚性自我保护层，通过集约化、隐形强制的方式塑造劳动者的个体才能、体格特征、心理倾向等禀赋要素来避免劳动者纠纷意识的产生，或者即便产生也可以减少宏观上的制度协商成本，进而顺利地抽取相对剩余价值。从历史发展看，马克思时代相对剩余价值提高的方式主要是大机器生产。随着社会的发展，相对剩余价值的提高增添了新的因素，即对包括人的感情、思维、认知在内的人力资源的管理。社会学家米尔斯指出，当白领获得自己的工作时，他们出卖的不仅是时间和精力，还包括他们的人格。②“一个人的人格和他的个人素质成了生产手段的一部分。在这一意义上，一个人使其个人的内在特点和性格倾向工具化和外在化了。”③ 这种人力资源管理方式在法律上的投射就是忠诚义务，员工的忠诚度和劳动者的忠诚义务只不过是一个事物的两个方面。从社会结构的角度看，这是一种针对“硬”的保护层而采取的“软”的进攻。

综上所述，在现代西方劳资关系中，资方不再倚重于赤裸裸的压迫，转而通过微观权力的展开来达到操控目的。也就是说，劳动者忠诚义务——旨在针对劳动者人格等精神层面的操控来规避协商、虚置抵抗、提高效率——的产生与劳动者享有的相对完善的、能够与资方权力制约的抗衡制度密切相关。

---

① 安东尼奥·葛兰西：《狱中札记》，曹雷雨、姜丽、张跣译，中国社会科学出版社，2000，第1~2页。

② C. 莱特·米尔斯：《白领：美国的中产阶级》，周晓虹译，南京大学出版社，2006，导言，第7页。

③ C. 莱特·米尔斯：《白领：美国的中产阶级》，周晓虹译，南京大学出版社，2006，第177页。

三、劳动者忠诚义务之于我国

劳动者忠诚义务并非可以从某一定理、公设等原点推演出来，它实际上是社会历史发展的产物。在西方资本主义国家的发展过程中，劳动者通过不懈的斗争争取到了种种对抗性权利。这些权利在宏观层面共同构起对劳动者的保护，制约着资本的使役。与之相应，微观层面对劳动者的规训与牵制也发展起来，劳动者忠诚义务的提出就是发展结果之一。但是，从我国目前的情况看，贸然确立劳动者忠诚义务，可能使劳动者处于更为窘迫的境地。

有学者对涉及劳动者忠诚义务的司法判例进行了梳理，指出我国法院审理的相关案件主要涉及在职竞业限制、离职竞业限制、保密义务、报告义务、服从义务等。① 这些案件中，劳动者往往为了获得更多的物质利益而做出有损原单位利益的“非法”行为。默顿的“越轨理论”② 提示我们，问题的最终解决应到社会实践中去寻找。

笔者认为，重要的不是劳动者道德水平的高低，而是规则的制定和执行是否公平、是否完全体现了宪法所强调的人的尊严的问题，劳动者主体地位是否得到彰显。劳资关系规范的定位亦非应当奠基于经济运行理论，因为这会将人的生活价值片面化，即仅仅将接受性价值作为人的主要价值而忽略了其他方面。社会哲学家米勒认为，基本的社会制度结构设计应“首先必须遵守需要原则，其次必须遵守应得原则，再次必须遵守平等原则”③。制度结构必须保证拨出一定社会资源份额并根据需要分配给个人。而且，有学者在

① 向彪：《劳动者忠诚义务的司法实践研究》，《中财法律评论》2016 年第 0 期。

② 该理论旨在阐明为什么美国工人阶级有很多侵财犯罪，结论是美国推崇物质成功的文化目标，却很少给底层社会阶级提供合法的机会。

③ 戴维·米勒：《社会正义原则》，应奇译，江苏人民出版社，2001，第 276 页。

进行实证性研究后认为，经济转型升级和社会转型升级并不必然存在因果关系，经济转型并不会必然导致社会转型，社会转型仍然主要依靠劳动法律法规的规制、劳动市场的结构，以及劳动者集体的能力。① 那么，劳动者忠诚义务在我国现实语境下就应当转换为劳动者主体地位下劳动的法律评价问题、劳资结构模式法律塑造问题、劳动法与宪法的关系问题。只有深入解决这些问题，才能从根本上推动矛盾的化解。

第二节　对用人单位自主管理权的反思：以逆向激励为例

激励措施是用人单位经济管理的一种手段，原则上处在其自主管理权的范围内，但也并不是绝对的。从劳动者主体地位出发，用人单位采用逆向激励措施需遵守相关规则。

一、指导案例与参阅案例引发的讨论

通过末位淘汰的逆向激励管理员工进而追求利润最大化是用人单位内部治理策略的体现，然而，这一私法主体的内部行为并不是任意的、不受法律调整的。相反，鉴于法律保护弱者的本性，以及劳动者在劳资结构中实际上处于相对弱势的地位，用人单位的内部管理并非法外之地，应当受到约束。以下案例能进一步引发思考与讨论：末位淘汰是因为手段的恶而被禁止还是因为结果的恶而被禁止？法律究竟应当如何面对用人单位实行的末位淘汰措施？

---

① Florian Butollo, *The End of Cheap Labour? Industrial Transformation and "Social Upgrading" in China* (Chicago: University of Chicago Press, 2014), pp. 114-119.

第一个案例是最高人民法院审判委员会讨论通过并于2013年11月8日发布的第18号指导案例（以下简称“第18号指导案例”），标题为“××通讯（杭州）有限责任公司（以下简称“××通讯”）诉王某劳动合同纠纷案”。该案中，王某从事销售工作，××通讯依据员工守则对王某进行考核。王某销售业绩不佳，考核级别为C2（最低级别）。××通讯认为其不能胜任工作遂解除合同。王某不服，起诉企业违法解除合同并主张经济赔偿。法院支持了王某的请求，认为虽然王某考核级别为C2，但是C2并不完全等同于“不能胜任工作”。××通讯仅凭该限定考核等级比例的考核结果，不能证明劳动者不能胜任工作，不符合据此单方解除劳动合同的法定条件。该指导案例的裁判要点可凝练为：劳动者在用人单位等级考核中居于末位等次，不等同于“不能胜任工作”，不符合单方解除劳动合同的法定条件，用人单位不能据此单方解除劳动合同。

第二个案例是江苏省高级人民法院审判委员会讨论通过的（2018）参阅案例27号（以下简称“参阅案例27号”），题目为“戴某某因用人单位依据末位淘汰调整其工作岗位要求支付差额工资被判驳回案”，发表在《江苏省高级人民法院公报》2018年第4辑上。该案中，戴某某原为单位包装股课长，岗位为操作工。因绩效考核属于后10%的行列，单位依据《员工工作规则》将戴某某的职务由课长调整为班长，待遇也随之降低。戴某某不服，提起劳动仲裁并诉至法院。一、二审法院均驳回戴某某的诉讼请求。一审法院认为，对戴某某是否符合课长职务的末位淘汰属于企业管理自主权范围。二审法院认为，末位淘汰并非当然违法，它可以激发劳动者的工作积极性，用人单位依据末位淘汰调整劳动者工作岗位在一定条件下应予支持。该参阅案例裁判摘要进一步强调，用人单位依据末位淘汰对员工实行奖优惩劣，是企业经营自主权的重要内容。只要该调岗调薪行为是基于企业生产经营管理的合理需要，且不违反法律规定和单位依法制定的规章制度，就是合法的。

上述两个案例之间存在的张力揭示了末位淘汰涉及的更深层次的问题。第 18 号指导案例从表面上看并未视末位淘汰为非法，只是指出考核排名居于末次不能等同于“不能胜任工作”。概言之，即不能因末位而淘汰。对这个实然判断是否具有应然的意义，该案例没有明确。从逻辑推理上看，存在两种情况：一种是末位不能淘汰是在认可末位不应淘汰的大前提基础上推演出来的；另一种是末位不能淘汰是因为能够末位淘汰的前提条件没有被满足。究竟哪一种原则才是该指导案例所标榜的法治精神并不是很明朗。参阅案例 27 号则触及了这个隐而未宣的问题。该案例从第二种逻辑出发，即末位淘汰并不是从应然层面禁止的，而是可以在一定条件下适用，所以第 18 号指导案例对该案件没有指导效力，因为两个案件在性质上并不相同，关键之处在于参阅案例 27 号满足了末位淘汰的条件，而第 18 号指导案例没有满足。然而，这相当于否决了第 18 号指导案例包含的第一种可能，即末位淘汰从应然层面就是被禁止的。

二、末位淘汰违反归责原理

如果说启蒙时期，一切教条、信仰都要在理性面前接受审判的话，那么在法治时代，一切涉及他人利益的规则都要经受合法性的衡量。末位淘汰意味着排名最低便会被淘汰出局，是一种管理学中的逆向激励。正向激励是指奖优，逆向激励是指惩劣。给予排名靠前的劳动者更多的物质奖励属于正向激励。在奖优的情况下，用人单位拿出一部分利润分给劳动者。其中没有损害的发生，只要不涉及歧视，法律一般不予调整。淘汰排名靠后的劳动者这种逆向激励则涉及他人利益损失的问题。从效率的角度讲，末位淘汰会提升总体的功利，但需接受合法性的衡量。从法理的角度看，末位淘汰意味着对行为的归责，它的法律图示就是劳动者排名末位被视为对用人单位本应得到的预期利益的损失，因此要通过淘汰的方式让劳动者为此负责。此命题成立至少需要两个前提，即末位可以被视为劳动者给用人单位造成损失和劳动者对此存在过错。然而，这两个前提均不存在。

一方面，用人单位并没有遭受预期利益的损失。预期利益保护问题主要集中在合同领域，保护预期损失的目的是让一方恢复在合约被履行的情况下将会得到的利益。① 在世界贸易组织规则中，《1994 年关税与贸易总协定》第 23 条第 1 款及《关于争端解决规则与程序的谅解》第 26 条对预期利益的保护做出了详细规定，强调如果缔约一方不履行协定义务或采取其他行为会导致缔约另一方丧失根据现有条件采取行动而能够获得利益，缔约另一方可以提起非违法之诉。根据上述理论，预期利益成立的前提必须是一方已经先行做出了可以被明确预测的行为，这些行为构成了另一方得以根据双方交往的境况采取进一步措施的条件，而依据这些条件，另一方必然会得到某些利益。在这种情况下，一方突然改变其行为会导致另一方无法获得如果一方不改变行为而能得到的利益。这些条件无法适用于用人单位与劳动者之间，更无法证成末位淘汰。在现有的劳动法律框架下，劳动者在描述意义上向用人单位出卖了劳动力。用人单位能否利用劳动力在市场竞争中获胜与劳动者无关，劳动者只要按照约定付出劳动即可。在市场经济中，任何主体都没有注定应获得的利益，用人单位是否获利乃是由市场竞争决定的，经营风险的承担与用人单位通过资本投资获利的行为密不可分。劳动者与用人单位是一般的雇佣关系。经营风险应由用人单位承担，劳动者作为劳动的付出者仅对其劳动行为是否符合劳动合同约定负

① 杨良宜：《预期利益损失与信赖利益损失》，《中国海商法年刊》2011 年第 1 期。

责。市场竞争机制并非劳动者能掌握的。也就是说，劳动者付出的劳动力并不应作为用人单位直接计算预期获利的条件。另外，排名靠后亦不意味着劳动者改变了劳动合同约定的劳动行为。劳动合同约定的劳动者工作岗位只是表明该岗位客观上应包括哪些条件，并不包含该岗位必须创造多少利润，这也正是劳动关系与合作关系的区别。只要劳动者的工作符合工作岗位所要求的一般条件，用人单位即应按约定支付报酬。劳动者在单位内部排名靠后并不意味着用人单位受到了损害，因为排名仅仅是在劳动者内部的相对比较，无法反映用人单位总体是否获利。

另一方面，劳动者不存在过错。从法理角度分析，责任分为两种：一种为过错责任；另一种为无过错责任。就前者而言，对一个人进行的处罚的正当性在于其对违法行为存在过错；就后者而言，对一个人进行的处罚的正当性乃是基于对社会利益的保护，而这亦有严格的适用边界。

仅凭劳动者排名末位的事实，不能证明或推定劳动者主观上存在过错。第一，排名末位并不能证明劳动者存在过错。排名是在对象固定但内容开放的前提下，在某一时间点通过数据量化的方式就某一向度的情形做出的序列化标识。这种标识的高低先后并不是行为者独自能够决定的。一方面，内容开放的事实超出了个体劳动者的掌控范围，因为排名末位既有可能是其他人做得更好导致的，也有可能是环境运气导致的，还有可能是其他原因导致的，但无论怎样，这都不是末位者可以完全凭自己意志决定的。另一方面，序列化标识是按照数字排序的，排序先后是数字内在特性决定的，它与其标识的对象仅仅是一种外在性的偶然关联。也就是说，数列中的数字仅仅具有描述功能，并不具有评价功能。数学的评价功能并不是先验的，而是后验的，那么，后验行为的正当性并没有获得先验的证明。这中间存在着逻辑上的断裂，据此，“排名末位”这种描述并不当然具有评价的功能。那么，末位也就无法证明劳动者存在过错，进而应承担被淘汰的责任。法谚云："任何人不受不可能事项的约束。"① "极度困难即视为不可能。"② "无法完成的事没有约束力。不能要求人们做不可能的事。"③ 排名末位是在某一时间点必然会出现的结果，谁也无法摆脱排名末位的情况出现。以末位归责于劳动者，亦缺乏正当性。第二，排名末位并不能推定劳动者存在过错。过错推定是一种法律手段，其勃兴的现实需求是解决因经济发展而出现的工业事故和交通事故的损害赔偿纠纷。④ 该原则实质上把事实当作证据。如果没有证明自身不存在过错，被告应当负责。这是过错责任的特殊形式，其适用必须由法律明确规定。我国劳动法律体系中并没有对劳动者要实行过错推定的相关规定，而且这种解决工业化等现代技术带来的困境的法律技术并不应适合用于劳动者逆向激励。过错推定的目的在于从法律的角度处理好新科学技术产生风险的分担问题，而末位淘汰是现代化背景下以效率目标为导向的激励手段的正当性问题。二者并非处于同一逻辑层面上，末位的事实能否成为证据来指控劳动者恰恰需要评判，而不是循环论证。排名末位的事实本身并不构成任何意义上的风险。从形式上看，风险具有可能性而非必然性，而序列化排名必然有最后一位，不符合风险的特征；从内容上看，风险是一种潜在的自然或人为的危险，而劳动者排名情况并不构成对用人单位的危险，因为排名结果不能证明劳动者给用人单位造成了损失。

那么，末位淘汰能否适用无过错责任？答案是否定的。雇主的私人经济行为带来的利益并不等同于公共利益。末位淘汰虽然从管

---

① 孙笑侠编译：《西方法谚精选：法、权利和司法》，法律出版社，2005，第 52 页。
② 孙笑侠编译：《西方法谚精选：法、权利和司法》，法律出版社，2005，第 53 页。
③ 雷立柏：《拉-英-德-汉法律格言词典》，宗教文化出版社，2008，第 87 页。
④ 方恩升：《过错推定：风险社会中保护个人法益的一个利器》，《学海》2007 年第 3 期。

理学角度看可以提升效率，将管理目标的实现强嵌于被管理者头脑之中，但忽视了人类社会独特的价值维度。德国法学家考夫曼认为："法享用不了功能主义的果实。"① 因为人类社会并不仅仅是对自身利益精打细算的个人集合体，人与人之间也不完全是一种异在性关系。社会是一种联合体，既因人的超越于自利的感情而产生，也因人的群居本性而产生，社会本身乃是一种首要的道德化力量，通过一种并非私立的真正联系而产生。② 也就是说，不可以被经济动机解构的人类道德依然存在，人类的历史就是逐渐摆脱生存斗争的历史。赫胥黎甚至认为，最适应环境从而生存下来的可能是低等的动物，生物的进化特别是人类的进步必须考虑价值的因素，人类社会否定格斗的生存理论。③ 社会的进步不只是生物进化的过程，更是伦理化的过程。非伦理的人与伦理的人的区别就是前者像动物一样为生存殊死斗争，后者则尽可能限制这种斗争。伦理化的社会是注重人格的社会，它不仅是一个生存的共同体，更是一个文明的共同体。康德在《法的形而上学原理》中将文明解读为体现实践理性的先验的权利命题。人与人之间不是肉体的集合，而是精神的契合，这种精神的进一步表现就是人格。人格是一种带有自我意识的自由意志。人应该是什么，不应从他的本能获知，而应从他必须努力成为自身所是来获得，也就是"成为一个人，并尊敬他人为人"④。所以，优胜劣不汰才是人类竞争规则的道德底线。⑤ 末位淘

---

① 阿图尔·考夫曼、温弗里德·哈斯默尔主编：《当代法哲学和法律理论导论》，郑永流译，法律出版社，2002，第 189 页

② 乔治·萨拜因：《政治学说史：民族国家》上册，邓正来译，上海人民出版社，2015，第 343 页。

③ 赫胥黎：《进化论与伦理学》，《进化论与伦理学》翻译组译，科学出版社，1971，第 57~58 页。

④ 《黑格尔著作集》第 7 卷，邓安庆译，人民出版社，2017，第 85 页。

⑤ 周安平：《优胜劣汰与优胜劣不汰——人类社会生存竞争规则的道德底线》，《法商研究》2007 年第 3 期。

汰这种追求整体外在效率的手段忽视了人类社会的价值维度，也就不能适用无过错责任，因为它在经济层面产生的功利并不能成为人类社会构建单向度追求的目标。另外，“在任何一个职务等级体系中，每一个职员都趋于达到自己不能胜任的更高级职位”①。也就是说，职务等级体系本身即存在一定问题，这种体系下的末位所暗含的所谓能力不匹配的问题实质是管理手段本身导致的排名异化。

综上，末位的事实不应成为淘汰的正当性事由。末位淘汰是违背归责原理的，因为其中既不存在用人单位预期利益的损失，劳动者处于末位的事实也不能说明劳动者存在过错。

三、末位淘汰漠视劳动者尊严

政治学家米勒认为，一种公正的程序除了要满足程序内在的平等、准确、公开这三个要求外，还要满足尊严的要求。公正的程序并不要求人们以一种有损尊严的方式行动。② 末位淘汰这种措施从性质上忽视了劳动者的尊严，这主要体现在以下三个方面。

首先，末位淘汰导致了一种无法形成自然法的自然状态。在资本主义兴起后，自然状态成为阐释社会的一种构想。在霍布斯的构想中，自然状态指人与人之间处于零和博弈的战争状态。人们为了从野蛮走向文明，彼此签订了社会契约。然而末位淘汰不但没有使劳动者走向文明，反倒将一个本是构想的境况变成了现实。排名本身就是相对的，对每个劳动者的成果序列化的编排会不可避免地导致零和关系，因为一个人排名上升，必然有其他人排名下降。据此淘汰末位人员，就人为地在劳动者中制造了一种零和博弈的自然状

① 劳伦斯·彼得、雷蒙·赫尔：《职务升迁的奥秘——彼得原理》，林平译，中国文联出版公司，1989，第6页。

② 戴维·米勒：《社会正义原则》，应奇译，江苏人民出版社，2001，第111页。

态。虽然康德在《法的形而上学原理》中强调，自然状态也可能有社会，但这种社会没有文明的社会结构，并不适宜人类生活。人类应当生活在与自然状态相对的文明状态之中。文明社会的结构就是一个能为人的实践理性创造可能的目的性秩序。在这种秩序中，人与人之间不能只是手段性关系。虽然把一个人当作目的的定言命令与外界质料性因素没有必然联系，但从客观角度看，评价一个组织制度必然要看它是否有助于促成人们之间的合作。在这种合作中，人们能够视彼此为目的，个人的人格和精神能够被认为具有无限的绝对价值。但是，末位淘汰将劳动者置于伦理性焦虑之中。在较严苛的霍布斯式的自然状态理论中，强制力量的化身——利维坦得以建立，进而结束充满战争的自然状态。末位淘汰不但不会结束这种状态，还会使它永恒化。由于“末位”这个结果在实际发生前是高度不确定的，也是无法由人的意志控制的，为了不至于被考核为末位，劳动者势必会不断与同事竞争。这种竞争是一种恶性竞争。一方面，末位是相对尺度而非绝对尺度。无论大家有多努力，在群体竞争排名之中都有处于末位的人。另一方面，末位淘汰刺激下的竞争会使劳动者时时处于恐惧、焦虑之中。劳动者彼此之间无法协商，只能始终猜忌着对方，防范着对方，以免自己因对方劳动成果优秀而被淘汰。从总体上说，末位淘汰虽然客观上可以促进效率的提升，但这是以催逼、控制、压抑等损害人的尊严的方式进行的。

其次，末位淘汰破坏了劳动者的团结。劳工团结一方面是人类合作本性的体现，另一方面是劳动者抵御资本侵蚀的重要手段。就前者而言，合作是人类谋求共同发展的途径。当然，团结合作不是反对竞争。适度的竞争有助于更有效率地合作，但异化的竞争会破坏合作。团结权作为劳动者的基本权利不应狭隘地被理解为劳动者组建工会、集体协商、罢工等具体的制度性权利。在法理意义上，团结权是劳动者彼此协商一致、自主共同维护自身利益的权利，它的理论预设是劳动者应当能够形成抵抗资本剥削的不可分割的整体。团结权在社会主义市场经济建设中的意义就是防止出现损害劳动者根本利益的行为，促进全体人民共同富裕。劳动者之间的团结不是劳动分工体系下被动性的压制团结，而是存在论视角下主动性的有机团结。劳动者彼此之间不应被视为相互利用的手段，而是要被视为目的。正是在这个意义上，马克思强调“一切破坏团结的法律都是反动的”①。末位淘汰虽然可能提高生产效率，但是它是以破坏劳动者之间的团结为基础的，因为无论劳动者如何协商，总会有末位出现。这也就从源头上阻止了团结的可能。末位淘汰会促使人性的恶发挥出来，让劳动者视彼此为敌人，而在相互猜忌的环境里是培养不出团结感的。阿维纳瑞深刻地指出，这种特殊主义的出现造成一个人反对另一个人，“使基本的人际关系变成一种对立性而不是互助性”②。从本质上看，用人单位与劳动者之间的关系并非同一层面的关系：雇员与雇员之间是伙伴型关系，雇主与雇主之间是冲突型关系，雇主与雇员之间是契约型关系。③ 不应错置这三种关系，更不应将企业的风险与劳动者捆绑在一起并据此破坏劳动者之间的团结。

最后，末位淘汰是变相的强迫劳动。强迫劳动是侵犯人权的。国际劳工组织早已制定了禁止强迫劳动的公约，分别为《强迫劳动公约》和《废除强迫劳动公约》。我国是社会主义国家，并且已经加入上述公约，禁止强迫劳动亦是理所当然。《劳动法》第九十六条明确禁止以“暴力、威胁或者非法限制人身自由的手段强迫劳动”。1997 年施行的《中华人民共和国刑法》设立了“强迫职工劳

① 《马克思恩格斯全集》第一卷，人民出版社，1956，第 17 页。

② 阿维纳瑞：《马克思的社会与政治思想》，张东辉译，知识产权出版社，2016，第 318 页。

③ 彼得·斯坦、约翰·香德：《西方社会的法律价值》，王献平译，中国法制出版社，2004，第 33~39 页。

动罪”，即对以暴力、威胁或者限制人身自由的方法强迫他人劳动的行为给予刑事制裁。2011 年 5 月 1 日施行的《中华人民共和国刑法修正案（八）》将该罪名修改为“强迫劳动罪”。语言的含义并不是固定不变的，而是与人类社会生活的发展变化密不可分。“强迫”这一词语的内涵也随着社会经济生活的变迁逐渐丰富。欧洲人权法院认为，除了“有关工作或服务是由有关工人违背其意愿加以从事的”外，如果“有关工作或服务本身涉及不可避免的艰巨性”①，也构成强迫劳动的要素。这从工作内容的实质合理性的角度拓展了“强迫”的含义。当今，随着法治的不断健全，精神恐吓加物理隔离的强迫方式已非常少见，但这并不意味着强迫劳动即将被消灭，在高科技时代，强迫会以更为隐蔽的形式出现。麦克卢汉提出电力时代是一个“内爆”的时代，技术革新导致的媒介升级使人类社会逆转式地内向爆炸，社会生活会更加复杂、更加纠缠、更加令人焦虑。② 在新的科学技术、新的管理方式、新的经济组织结构等因素的共同作用下，强迫劳动变得以多种面貌出现。末位淘汰与传统措施相比，最大的不同点是，它是一种形式自愿但实质强制的自我管理。从表面上看，末位淘汰是对人的行为的调控，但实质上是情感层面的强制，因为排名末位是一个相对尺度，当每个人都不想排名末位时，劳动者就会无休止地工作。此外，在一个封闭的群体中，避免排名末位在逻辑上是不可能的，完成逻辑上不可能的事的难度远甚于完成逻辑上可能但现实条件不足的事的难度。所以，末位淘汰让劳动者为了不可能完成的事而努力工作本身就是变相的强迫劳动。

① 克莱尔・奥维、罗宾・怀特：《欧洲人权法：原则与判例（第三版）》，何志鹏、孙璐译，北京大学出版社，2006，第 126 页。

② 马歇尔・麦克卢汉：《理解媒介：论人的延伸》，何道宽译，译林出版社，2019，第 54 页。

综上，末位淘汰虽然客观上可能会在一定限度内促进经济效率的提升，但漠视了人的尊严，而一个法治社会不应该鼓励或者纵容这种措施。

四、自主管理权不能证成末位淘汰

江苏省高级人民法院审判委员会讨论通过的（2018）参阅案例27号证成末位淘汰正当性的主要论据是企业有自主管理权。但企业自主管理权能否作为一种可资证成的依据？其范围是无限制的吗？

20世纪50年代初期，我国开始对农业、手工业和资本主义工商业进行社会主义改造。1954年的《公私合营工业企业暂行条例》第十三条规定，合营企业应当采取适当的形式，实行工人代表参加管理的制度。社会主义改造完成后，计划经济体制在一定时期强调赋予企业一定自主权，如1957年国务院为了适当地扩大地方政府在工业管理方面的权限和企业主管人员对企业内部的管理权限，制定了《关于改进工业管理体制的规定》，要求适当扩大企事业主管人员对企业内部的管理权限。不过，企业自身在内部的生产、招工、管理等方面仍然没有获得足够的自主权。1978年实行改革开放后，市场开始在资源配置中发挥积极作用，政府从统包统揽变为让企业自主地在竞争的环境中决定如何生产。这里的关键就是行政权力与企业管理权脱离。无论是构建产权清晰、权责明确的现代企业制度，还是推进简政放权、放管结合、优化服务的“放管服”改革，都旨在防止行政权力的异化。企业自主管理权正是在这样的背景下被提出来的。市场经济的优势在于通过资源的有效配置更好地满足人们的物质生活需求。在汲取历史经验的基础上，市场经济成了我国社会主义建设的重要手段。如此一来，企业作为市场经济活动的主体，就需要在内部人事安排、外部决策等方面拥有自主管理权。从这个意义上讲，自主管理权具有当然性意义。

本章涉及的两个案例关乎企业如何管理劳动者，与控制公权力干预处在完全不同的层面。国家基于社会整体利益制定的保护弱者的法律并不构成对企业自主管理权的干预，二者不具有对等性。用人单位对劳动者的管理并不应以企业自主管理权作为当然性理由。用人单位如何管理劳动者与劳动者如何在企业劳动是相同层级的问题，管理权并不当然地超越劳动权进而获得一种作为理由证成的地位。用人单位的管理不应对劳动者形成专制。从法理学的角度看，以人为主体的法哲学理论可以作为纠正以效率为目标的管理学、经济学理论的理由。黑格尔指出：“作为人而言，不是他有什么，而是他是什么。”① 人权项下的经济和社会权利并不意味着劳动者要屈从于用人单位的管理进而以相对自由的方式获得进入市场的资格并获得工资，劳动者作为人所享有的尊严等仍具有现实的法律意义。所以，参阅案例 27 号以企业自主管理权作为理由证成末位淘汰是不充分的。利奥塔尔也曾指出，在后工业社会系统论视角下，系统程序的性能不能代替规范的性质而作为评价标准，那种以高效与否为判断标准的技术性系统其实并不具有真正的精确性，因为它强制性地忽略了现实中的许多因素。②

五、末位淘汰的本质是资本权力的滥用

马克思主义的一个重要论断是经济现象不是一种自然现象而是

① 阿拉斯代尔·麦金太尔：《伦理学简史》，龚群译，商务印书馆，2003，第 278 页。

② 让-弗朗索瓦·利奥塔尔：《后现代状态》，车槿山译，南京大学出版社，2011，第 158~159、196 页。

一种社会现象，其背后隐藏着深刻的矛盾。末位淘汰并不是科学规律，其实质是资本权力滥用的表现。它不正当地压制了劳动者的精神，影响了劳动者人格的独立。

有学者概括了法律对自由的保护：在公法领域中，法无授权不可为；在私法领域中，法不禁止即可为。然而，经济形态的发展使自由与法律的关系超出了这些命题所能涵盖的范围。哲学家波兰尼指出："如果允许市场机制成为人的命运，人的自然环境，乃至他的购买力的数量和用途的唯一主宰，那么它就会导致社会的毁灭……市场体系在处置一个人的劳动力时，也同时在处置附在这个标识上的生理层面、心理层面和道德层面的实体'人'。"① 传统的公、私法领域中的法律原理并不足以保障人的自由。经济现象承载着社会权力的运作，如何确保这种权力的运行不侵犯弱者的自由，乃是社会法的要旨。社会法调整的是介于公法与私法之间的领域可能存在的侵犯人的自由的行为。资本不仅是经济学中的一个概念，也是权力的一种化身。防止资本权力对人类自由的侵犯是法律追寻的目标之一。与公法领域的政治权力不同，社会法所规制的资本权力不直接表现为对行为的外在刚性约束，相对而言是对人类意志的隐性操控。人的自由不仅需要防范外在性的政治权力、他人私人权利的侵犯，也需要防范内在性的资本权力的侵犯。正如马克思批判的那样，人分为公人和私人的二重化并没有实现真正的、解放的自由，那仍然是脱离了人的本质和共同体的形式上的、浅薄的自由。② 也就是说，公法领域与私法领域虽存在相反关系，但并没有穷尽法域内涵。社会法是一个独立的法域，其目标就是规范资本权力。在这一法域中，劳动法是一个重要的法律部门。拉德布鲁赫指

① 卡尔·波兰尼：《大转型：我们时代的政治与经济起源》，冯钢、刘阳译，浙江人民出版社，2007，第 63 页。

② 《马克思恩格斯全集》第一卷，人民出版社，1956，第 430~437 页。

出，劳动法不同于民法的特征就在于其负载着经济上的权力斗争。据此，拉德布鲁赫提出劳动法不能停留在劳动从物权到人身权再到相对自由的债权就已终结的层面上，而是要跃升一个新层次，即从保护劳动者的人权层面出发，将劳动关系作为人身权利的关系来设立。① 拉德布鲁赫所处的时代的经济形态与当下世界经济形态大不相同，但他提出的对劳动关系中的人权保护命题依然具有指导意义。随着经济的发展，劳动关系的内容也在发生变化，其中一个显著的变化就是对劳动者在精神层面进行构境般的操控。资本权力对自由的侵犯包括对意识、情感、精神的压制或塑造。高科技驱动下的经济形态的变化即为例证。

有法律史专家认为："社会变革的要求，都是作为法律意识形态表达出来的。"② 早期自由资本主义为了获得资本发展所必需的充足的劳动力，通过法律把人们从封建桎梏中解放出来。这在某种程度上推动了人类自由的进步。行为成为法律约束的对象，只要调整好人们的行为，使行为可以预期，社会就会不断进步。可随着资本权力的不断膨胀，仅仅调整行为已经不能满足经济发展的要求了。首先，职业经理人越来越成为企业发展的推动者。职业经理人职责之一就是有效地控制成本，提高效率。在大机器生产时代，企业通过监工就可以提高效率，因为那时的劳动者是被"捆绑"在生产线上的。在数字化时代，情况要复杂得多，对劳动者的管理需要更深广的专业技能。正如米尔斯所讲，"人类的个体才能，从体格特征到心理倾向，都成了管理者的职能化理性核算的单位"③。对劳动者进行超越于行为层面的管理变得越来越重要。其次，消费在

① 拉德布鲁赫：《法学导论》，米健、朱林译，中国大百科全书出版社，1997，第81~82页。

② 泰格、利维：《法律与资本主义的兴起》，纪琨译，学林出版社，1996，第277页。

③ C. 莱特·米尔斯：《白领：美国的中产阶级》，周晓虹译，南京大学出版社，2016，第217页。

经济发展中逐渐发挥引领作用。资本周转的过程指从生产到消费。随着人们的基本需求得到满足，刺激新的消费欲望便成了生产的动力。正是在这个意义上，鲍德里亚批评人们把应该满足需要的物异化为可以突出自身的符号。“消费系统并非建立在对需求和享受的迫切需要之上，而是建立在某种符号和区分的编码之上。”① 那么，培育消费意识也成了劳动者必须掌握的技能。劳动者不应再“傻大黑粗”般地干，而应“巧舌如簧”般地推销。“当白领们获得自己的工作时，他们出卖的不仅是时间和精力，还包括他们的人格。他们以周或月为单位出卖自己的微笑和友好姿态。”② 最后，脑力劳动日渐重要。经济形态的变化使得企业必须控制劳动者的情感才能获得更大的利润，在这种情况下，劳动者虽然不必像封建专制时期那样生活在恐惧之中，但是焦虑代替了恐惧。工作中时时产生的焦虑攫住了心灵的驰骋。在韦伯看来，“庞大的现代资本主义企业本身就是无可比拟的彻底官僚化的组织。其业务操作完全是以日益提高的准确性、持续性和速度为基础”③。

资本的本性就是不断扩张，不断膨胀，不断地追求剩余价值。为了在新的经济环境中实现利润的最大化，用人单位的管理方式也发生了改变。作为一种管理手段，末位淘汰以相对标准为判断依据，而一般的法律规则以绝对标准为判断依据。虽然这种绝对不是完全绝对，但它可以为一般理性人的行为提供确切的指引。以相对标准为评价依据的制度无法为行为提供明确的指引，反而使人手足无措，只知道不断劳动，但劳动的结果又是不确定的。不确定的规则根本不是规则，而只是命令。末位淘汰实质上就是恶法的变种，

① 让·鲍德里亚：《消费社会》，刘成富、全志钢译，南京大学出版社，2014，第 61 页。

② C. 莱特·米尔斯：《白领：美国的中产阶级》，周晓虹译，南京大学出版社，2016，第 9 页。

③ 马克斯·韦伯：《论经济与社会中的法律》，张乃根译，中国大百科全书出版社，1998，第 352 页。

因为“清晰性是合法性的一项最基本的要素”①。另外，末位与诚信、适当等不同。后者由普通生活所形成的常识性因素构成，一般理性人都会对其有所了解，末位却不一样，虽然在形式上可以被理解，但实际上无法具体遵从，因为这不是个人能凭借任何常识或标准决定的。它面向劳动者展开的是一种恶的无限性。只有通过不断的劳动付出才有可能免遭淘汰，但谁也无法事先确认该如何行动。如果不想被淘汰，就只能持续地工作。其实这就混淆了雇主与雇员的根本角色。经营风险应当由雇主承担，而非转移给雇员。虽然为了降低经营风险，雇主可以对雇员进行管理，但这种管理是有限度的，要受到伦理、法律的约束，而不能放任效率至上的原则优先。正如经济学家阿马蒂亚·森所强调的那样，发展经济的各种手段绝非仅仅在于提高效率，经济学这种偏离自由聚焦效用的思维会导致对市场机制全面作用理解的欠缺。市场经济乃至能够提高效率的手段之所以值得追求，是因为它促进了人类的自由。②

综上，面对资本权力可能对劳动者自由的侵犯，相关规则应从劳动者主体地位出发进行规制。劳动并非仅仅是谋生的手段，也是人的全面发展的手段；并非资本支配劳动，而是劳动驾驭资本。用人单位的逆向激励并非完全属于自主管理权的范围，劳动者主体地位理论或可成为评判根基。

本章小结

劳动者主体地位的确立，可以加深对劳动者的基本权利义务的

① 富勒：《法律的道德性》，郑戈译，商务印书馆，2005，第 75 页。

② 阿马蒂亚·森：《以自由看待发展》，任赜、于真译，中国人民大学出版社，2002，第 20~21 页。

理解，同时亦可以对用人单位的自主管理权产生合理的限制。一方面，对劳动者基本权利义务，不应当局限于词语的抽象含义进行理解，而是要基于劳动者在劳动中的主体地位，结合劳动关系的实际情境进行理解；另一方面，用人单位的自主管理权并非不受约束和限制，除了法律法规明确规定的限制外，还要考虑劳动者主体地位蕴含的法律价值观，从而促进以劳动为中介的人的全面发展。

结 语

劳动者主体地位的实现不能异化为依附于政治、经济的解放。劳动者在政治上或者经济上的解放固然重要，但二者并不能等同。无论是革命的胜利，还是需求的满足，抑或是对劳动过程的自主，都不能完全等同于劳动者主体地位的实现。劳动者主体地位理论也不应仅停留在必要条件层面，也就是说，不被客体化并不意味着主体地位的实现，它的实现有赖于深化其充分条件的内容。劳动者主体地位意味着劳动力不应与劳动者割裂开来，二者应当统一于劳动者的实践之中；劳动权不是就业的权利，而是实践的权利。从历史唯物主义角度看，劳动创造了人，劳动是人类历史实践的表现。对宪法中的劳动权的理解，不应局限于劳动这种表面化的活动，而是要深入实践的内在含义；劳动者的主体地位不是表现在劳动力市场中与资方的博弈能力突出，而是强调在劳动过程中劳动者要互相团结、彼此合作，强调一种伙伴型而非交易型的劳动关系；劳动者主体地位实现并不等同于权利的保护，还需破除深层次的结构性制约。此外，在明确了主体的内涵后，还应建立促进主体地位实现的制度，实现对主体地位的制度保护。要通过法律制度建设，巩固、促进、实现劳动者的主体地位，做到理论与实践的统一。首先，要明确劳动权的权利性质。我国宪法中的劳动权是目的性权利而非工具性权利。其次，要明确劳动立法的理论根基。劳动立法的理论根基不是将劳动者作为弱者来保护，而是应当以尊重、促进、维护作为主体的劳动者的实践性为目标。最后，要以劳事关系统领劳动法律制度。劳事关系以宪法规定的劳动主体为依托，从法律的视角考虑劳动这一人类整体的活动。它以劳动整体为切入点对劳动的现实化、社会化进行规范，着眼于不同形式的劳动所具有的共性，更加注重劳动对人类自身发展的促进作用。也就是说，劳事关系整合了劳动关系、劳务关系、人事关系、劳改关系。它将劳动作为一种体现人类本质的社会活动来加以规制，而非将其视为资本运作的要素，或者促进社会繁荣的手段。

当然，这一目标的实现并不能一蹴而就，但勾画出奋进的蓝图，提炼出制度化的框架，可以为劳动者主体地位的真正实现提供保障。在第二个百年即将到来之际，在理想与制度的合力下，劳动者必将充分实现自身的主体地位。

参考资料

（一）辞书

［1］《中国劳动人事百科全书》编写委员会编：《中国劳动人事百科全书》，经济日报出版社 1989 年版。

［2］赵履宽、黄定康主编：《劳动科学大辞典》，四川科学技术出版社 1991 年版。

［3］赵健杰、彭恒军主编：《劳动科学辞典》，企业管理出版社 1992 年版。

［4］王益英主编：《中华法学大辞典　劳动法学卷》，中国检察出版社 1997 年版。

［5］苑茜等主编：《现代劳动关系辞典》，中国劳动社会保障出版社 2000 年版。

［6］中国社会科学院语言研究所词典编辑室编：《现代汉语词典（第 7 版）》，商务印书馆 2016 年版。

（二）中文书籍

［1］史尚宽：《劳动法原论》，世界书局 1934 年版。

［2］［日］小林澄兄：《劳作教育思想史》，周心安译，世界书局 1935 年版。

［3］李化方：《欧美劳作教育思想史》，商务印书馆 1936 年版。

[4] 汤达：《世界工人运动》，生活·读书·新知三联书店1949年版。

[5] [古罗马] 卢克莱修：《物性论》，方书春译，生活·读书·新知三联书店1958年版。

[6] [古希腊] 色诺芬：《经济论 雅典的收入》，张伯健、陆大年译，商务印书馆1961年版。

[7] [美] 凡勃伦：《有闲阶级论——关于制度的经济研究》，蔡受百译，商务印书馆1964年版。

[8] [英] 洛克：《政府论》下篇，叶启芳、瞿菊农译，商务印书馆1964年版。

[9] 恩格斯：《家庭、私有制和国家的起源》，人民出版社1972年版。

[10] [德] 谢林：《先验唯心论体系》，梁志学、石泉译，商务印书馆1976年版。

[11] [美] 哈里·布雷弗曼：《劳动与垄断资本》，方生等译，商务印书馆1978年版。

[12] [法] 卢梭：《社会契约论》，何兆武译，商务印书馆1980年版。

[13] 沙东迅编：《劳动者》，广东人民出版社1984年版。

[14] [日] 安倍能成：《康德实践哲学》，于凤梧、王宏文译，福建人民出版社1984年版。

[15] 徐崇温：《结构主义与后结构主义》，辽宁人民出版社1986年版。

[16] 钱乘旦：《第一个工业化社会》，四川人民出版社1988年版。

[17] [德] E. 卡西勒：《启蒙哲学》，顾伟铭、杨光仲、郑楚宣译，山东人民出版社1988年版。

［18］［英］艾伦·斯温杰伍德:《社会学思想简史》，陈玮、冯克利译，社会科学文献出版社1988年版。

［19］［法］亨利·列菲弗尔:《论国家——从黑格尔到斯大林和毛泽东》，李青宜等译，重庆出版社1988年版。

［20］［美］查尔斯·霍顿·库利:《人类本性与社会秩序》，包凡一、王源译，华夏出版社1989年版。

［21］［德］麦克斯·施蒂纳:《唯一者及其所有物》，金海民译，商务印书馆1989年版。

［22］刘放桐等:《现代西方哲学（修订本）》，人民出版社1990年版。

［23］［日］伊藤诚:《世界经济当中的日本——后福特制时代》，陈建等译，中国人民大学出版社1990年版。

［24］《毛泽东选集》，人民出版社1991年版。

［25］［苏联］涅尔谢相茨:《古希腊政治学说》，蔡拓译，商务印书馆1991年版。

［26］钱乘旦:《工业革命与英国工人阶级》，南京出版社1992年版。

［27］［匈］卢卡奇:《历史与阶级意识——关于马克思主义辩证法的研究》，杜章智、任立、燕宏远译，商务印书馆1992年版。

［28］［苏联］A. 古谢伊诺夫、Г. 伊尔利特茨:《西方伦理学简史》，刘献洲等译，中国人民大学出版社1992年版。

［29］［美］弗兰西妮·科兰格斯伯伦:《圣哲箴言》，许和平等译，文化艺术出版社1992年版。

［30］《邓小平文选》第三卷，人民出版社1993年版。

［31］《列宁短篇哲学著作》，人民出版社1993年版。

［32］［意］加尔维诺·德拉-沃尔佩:《卢梭和马克思》，赵培杰译，重庆出版社1993年版。

[33] [德] 施密特:《历史和结构——论黑格尔马克思主义和结构主义的历史学说》,张伟译,重庆出版社 1993 年版。

[34] [德] 特奥多·阿多尔诺:《否定的辩证法》,张峰译,重庆出版社 1993 年版。

[35]《邓小平文选》第二卷,人民出版社 1994 年版。

[36] 张左己主编:《中国劳动体制改革研究(1994)》,中国劳动出版社 1994 年版。

[37] 苗力田主编:《亚里士多德全集》第九卷,颜一、秦典华译,中国人民大学出版社 1994 年版。

[38] 常凯主编:《劳动关系·劳动者·劳权——当代中国的劳动问题》,中国劳动出版社 1995 年版。

[39] 最高人民法院劳动法培训班编:《劳动法基本理论与实务讲座》,法律出版社 1995 年版。

[40] 关怀主编:《劳动法学》,法律出版社 1996 年版。

[41] [美] 泰格、利维:《法律与资本主义的兴起》,纪琨译,学林出版社 1996 年版。

[42] 王晓朝:《希腊宗教概论》,上海人民出版社 1997 年版。

[43] 宋林飞:《西方社会学理论》,南京大学出版社 1997 年版。

[44] [英] 弗里德里希·奥古斯特·冯·哈耶克:《通往奴役之路》,王明毅等译,中国社会科学出版社 1997 年版。

[45] [澳] 海因茨·沃尔夫冈·阿恩特:《经济发展思想史》,唐宇华、吴良健译,商务印书馆 1997 年版。

[46] 陈雪薇主编:《十一届三中全会以来重大事件和决策调查》,中共中央党校出版社 1998 年版。

[47] [古罗马] 西塞罗:《论义务》,王焕生译,中国政法大学出版社 1999 年版。

［48］［美］汉娜·阿伦特：《人的条件》，竺乾威等译，上海人民出版社 1999 年版。

［49］［美］E. 博登海默：《法理学：法律哲学与法律方法》，邓正来译，中国政法大学出版社 1999 年版。

［50］苗力田编：《亚里士多德选集　形而上学卷》，苗力田译，中国人民大学出版社 2000 年版。

［51］许崇德主编：《宪法学（中国部分）》，高等教育出版社 2000 年版。

［52］［英］弗里德利希·冯·哈耶克：《法律、立法与自由》，邓正来、张守东、李静冰译，中国大百科全书出版社 2000 年版。

［53］［法］贝尔纳·斯蒂格勒：《技术与时间：爱比米修斯的过失》，裴程译，译林出版社 2000 年版。

［54］［德］西美尔：《金钱　性别　现代生活风格》，顾仁明译，学林出版社 2000 年版。

［55］［美］丹尼尔·贝尔：《意识形态的终结——五十年代政治观念衰微之考察》，张国清译，江苏人民出版社 2001 年版。

［56］［美］W. W. 罗斯托：《经济增长的阶段：非共产党宣言》，郭熙保、王松茂译，中国社会科学出版社 2001 年版。

［57］［法］雅克·德里达：《书写与差异》，张宁译，生活·读书·新知三联书店 2001 年版。

［58］［英］E. P 汤普森：《英国工人阶级的形成》，钱乘旦等译，译林出版社 2001 年版。

［59］《马克思恩格斯全集》第四十四卷，人民出版社 2001 年版。

［60］孙伯鍨、张一兵主编：《走进马克思》，江苏人民出版社 2001 年版。

［61］杨祖陶：《康德黑格尔哲学研究》，武汉大学出版社 2001

年版。

[62] 张一兵：《无调式的辩证想象：阿多诺〈否定的辩证法〉的文本学解读》，生活·读书·新知三联书店 2001 年版。

[63] [英] 戴维·米勒：《社会正义原则》，应奇译，江苏人民出版社 2001 年版。

[64] [美] 查特尔·墨菲：《政治的回归》，王恒、臧佩洪译，江苏人民出版社 2001 年版。

[65] 赵靖主编：《中国经济思想通史（修订本）》，北京大学出版社 2002 年版。

[66] [美] 理查德 A. 波斯纳：《法理学问题》，苏力译，中国政法大学出版社 2002 年版。

[67] [瑞士] 费迪南·德·索绪尔：《普通语言学教程》，裴文译，江苏教育出版社 2002 年版。

[68] [德] H. 科殷：《法哲学》，林荣远译，华夏出版社 2002 年版。

[69] [英] H. J. 哈巴库克、M. M. 波斯坦主编：《剑桥欧洲经济史》第六卷，王春法、张伟、赵海波译，经济科学出版社 2002 年版。

[70] 《马克思恩格斯全集》第四十五卷，人民出版社 2003 年版。

[71] 《马克思恩格斯全集》第四十六卷，人民出版社 2003 年版。

[72] 黄越钦：《劳动法新论》，中国政法大学 2003 年版。

[73] 彭小瑜：《教会法研究——历史与理论》，商务印书馆 2003 年版。

[74] 陈少晖：《从计划就业到市场就业——国有企业劳动就业制度的变迁与重建》，中国财政经济出版社 2003 年版。

[75] 许崇德：《中华人民共和国宪法史》，福建人民出版社 2003 年版。

[76] [英] 齐格蒙特·鲍曼：《共同体：在一个不确定的世界中寻找安全》，欧阳景根译，江苏人民出版社 2003 年版。

[77] 陈越编：《哲学与政治：阿尔都塞读本》，吉林人民出版社 2003 年版。

[78] [德] 马克斯·霍克海默、西奥多·阿道尔诺：《启蒙辩证法——哲学断片》，渠敬东、曹卫东译，上海人民出版社 2003 年版。

[79] [俄] 别尔嘉耶夫：《末世论形而上学——创造与客体化》，张百春译，中国城市出版社 2003 年版。

[80] [美] 约翰·R. 康芒斯：《资本主义的法律基础》，寿勉成译，商务印书馆 2003 年版。

[81] [古希腊] 荷马：《奥德赛》，陈中梅译注，译林出版社 2003 年版。

[82] [德] 席林：《天主教经济伦理学》，顾仁明译，中国人民大学出版社 2003 年版。

[83] [挪] A. 艾德、[芬] C. 克罗斯、[比] A. 罗萨斯：《经济、社会和文化的权利》，黄列译，中国社会科学出版社 2003 年版。

[84] [美] 列奥·施特劳斯：《自然权利与历史》，彭刚译，生活·读书·新知三联书店 2003 年版。

[85] 徐小洪：《冲突与协调——当代中国私营企业的劳资关系研究》，中国劳动社会保障出版社 2004 年版。

[86] [美] David Boyle：《为什么数字使我们失去理性》，黄治康、李蜜译，西南财经大学出版社 2004 年版。

[87] [美] 麦特·里德雷：《美德的起源：人类本能与协作的

进化》，刘珩译，中央编译出版社 2004 年版。

[88] 张一兵、蒙木桂：《神会马克思——马克思哲学原生态的当代阐释》，中国人民大学出版社 2004 年版。

[89] 常凯：《劳权论——当代中国劳动关系的法律调整研究》，中国劳动社会保障出版社 2004 年版。

[90] [美] 黄亚生：《改革时期的外国直接投资》，钱勇、王润亮译，新星出版社 2005 年版。

[91] 汪民安、陈永国、张云鹏主编：《现代性基本读本》，河南大学出版社 2005 年版。

[92]《21 世纪经济报道》：《被隐蔽的真相——21 世纪"彻底调查"》，文汇出版社 2005 年版。

[93] [英] 阿列克斯·卡利尼科斯：《反资本主义宣言》，罗汉、孙宁、黄悦译，上海人民出版社 2005 年版。

[94] [德] 尼克拉斯·卢曼：《信任：一个社会复杂性的简化机制》，瞿铁鹏、李强译，上海人民出版社 2005 年版。

[95] [德] 魏德士：《法理学》，丁晓春、吴越译，法律出版社 2005 年版。

[96] [德] G. 拉德布鲁赫：《法哲学》，王朴译，法律出版社 2005 年版。

[97]《路德文集》第一卷，路德文集中文版编辑委员会编译，上海三联书店 2005 年版。

[98] 王大庆：《本与末——古代中国与古代希腊经济思想比较研究》，商务印书馆 2006 年版。

[99] 邓晓芒：《邓晓芒讲黑格尔》，北京大学出版社 2006 年版。

[100] 刘宗坤：《原罪与正义》，华东师范大学出版社 2006 年版。

［101］［英］纳撒尼尔·哈里斯：《古希腊生活》，李广琴译，希望出版社2006年版。

［102］史探径：《社会法论》，中国劳动社会保障出版社2007年版。

［103］游正林：《西厂劳工——国有企业干群关系研究（1979—2006）》，中国社会科学出版社2007年版。

［104］［法］米歇尔·福柯：《规训与惩罚——监狱的诞生》，刘北成、杨远婴译，生活·读书·新知三联书店2007年版。

［105］［英］亚当·斯密：《道德情操论》，韩巍译，光明日报出版社2007年版。

［106］［英］亚当·斯密：《国民财富的性质与原理》，赵东旭、丁毅译，中国社会科学出版社2007年版。

［107］［法］罗贝尔·福西耶：《中世纪劳动史》，陈青瑶译，上海人民出版社2007年版。

［108］［法］雅克·勒高夫：《钱袋与永生：中世纪的经济与宗教》，周娜译，上海人民出版社2007年版。

［109］［英］卡尔·波兰尼：《大转型：我们时代的政治与经济起源》，冯钢、刘阳译，浙江人民出版社2007年版。

［110］［英］G. A. 柯亨：《自我所有、自由和平等》，李朝晖译，东方出版社2008年版。

［111］［英］贝弗里奇：《贝弗里奇报告——社会保险和相关服务》，劳动和社会保障部社会保险研究所组织翻译，中国劳动社会保障出版社2008年版。

［112］［美］麦克尔·哈特、［意］安东尼奥·奈格里：《帝国：全球化的政治秩序》，杨建国、范一亭译，江苏人民出版社2008年版。

［113］夏基松：《现代西方哲学（第二版）》，上海人民出版

社 2009 年版。

［114］张恒山：《法理要论（第三版）》，北京大学出版社 2009 年版。

［115］《马克思恩格斯文集》，人民出版社 2009 年版。

［116］［美］唐纳德·帕尔玛：《西方哲学导论：中心保持不变吗?》，杨洋、曹洪洋译，上海社会科学院出版社 2009 年版。

［117］［爱尔兰］瑞雪·墨菲：《农民工改变中国农村》，黄涛、王静译，浙江人民出版社 2009 年版。

［118］［美］苏黛瑞：《在中国城市中争取公民权》，王春光、单丽卿译，浙江人民出版社 2009 年版。

［119］［美］尼尔·波兹曼：《娱乐至死　童年的消逝》，章艳、吴燕莛译，广西师范大学出版社 2009 年版。

［120］［美］亚历山大·格申克龙：《经济落后的历史透视》，张凤林译，商务印书馆 2009 年版。

［121］［美］白苏珊：《乡村中国的权力与财富：制度变迁的政治经济学》，郎友兴、方小平译，浙江人民出版社 2009 年版。

［122］［美］马歇尔·萨林斯：《石器时代经济学》，张经纬、郑少雄、张帆译，生活·读书·新知三联书店 2009 年版。

［123］［美］约翰·罗尔斯：《正义论（修订版）》，何怀宏、何包钢、廖申白译，中国社会科学出版社 2009 年版。

［124］［美］伊夫·R. 西蒙：《劳动、社会与文化》，周国文译，中国经济出版社 2009 年版。

［125］［美］玛丽·E. 加拉格尔：《全球化与中国劳工政治》，郁建兴、肖扬东译，浙江人民出版社 2010 年版。

［126］［法］G. 格洛兹：《古希腊的劳作》，解光云译，格致出版社、上海人民出版社 2010 版。

［127］［古希腊］第欧根尼·拉尔修：《名哲言行录》，徐开

来、溥林译，广西师范大学出版社2010年版。

［128］［美］迈克尔·舒德森：《为什么民主需要不可爱的新闻界》，贺文发译，华夏出版社2010年版。

［129］［古罗马］西塞罗：《西塞罗文集（政治学卷）》，王焕生译，中央编译出版社2010年版。

［130］［德］马克斯·韦伯：《新教伦理与资本主义精神》，阎克文译，上海人民出版社2010年版。

［131］［美］大卫·哈维：《新自由主义简史》，王钦译，上海译文出版社2010年版。

［132］［法］约翰·加尔文：《基督教要义》，钱曜诚等译，生活·读书·新知三联书店2010年版。

［133］刘刚等：《后福特制：当代资本主义经济新的发展阶段》，中国财政经济出版社2010年版。

［134］岳经纶：《转型期的中国劳动问题与劳动政策》，东方出版中心2011年版。

［135］《朱镕基讲话实录》，人民出版社2011年版。

［136］杨继绳：《中国当代社会阶层分析》，江西高校出版社2011年版。

［137］［美］格特鲁德·希梅尔法布：《现代性之路：英法美启蒙运动之比较》，齐安儒译，复旦大学出版社2011年版。

［138］［英］伦纳德·霍布豪斯：《社会正义要素》，孔兆政译，吉林人民出版社2011年版。

［139］［美］艾里希·弗洛姆：《健全的社会》，孙恺祥译，上海译文出版社2011年版。

［140］［法］约翰·加尔文：《基督徒的生活》，钱曜诚等译，生活·读书·新知三联书店2011年版。

［141］秦国荣：《劳动权保障与〈劳动法〉的修改》，人民出

版社 2012 年版。

[142] [英] 哈罗德·J. 拉斯基:《欧洲自由主义的兴起》，林冈、郑忠义译，中国人民大学 2012 年版。

[143] [美] 戴维·斯沃茨:《文化与权力：布尔迪厄的社会学》，陶东风译，上海译文出版社 2012 年版。

[144] [美] 保罗·萨缪尔森、威廉·诺德豪斯:《经济学(第 19 版)》，萧琛主译，商务印书馆 2013 年版。

[145] [美] 丹尼尔·贝尔:《资本主义文化矛盾》，严蓓雯译，江苏人民出版社 2012 年版。

[146] [美] 赫伯特·马尔库塞:《苏联的马克思主义——一种批判的分析》，张翼星、万俊人译，中国人民大学出版社 2012 年版。

[147] 韩大元主编:《中国宪法学说史研究》，中国人民大学出版社 2012 年版。

[148] 吕途:《中国新工人：迷失与崛起》，法律出版社 2013 年版。

[149] [美] 弗莱德·R. 多迈尔:《主体性的黄昏》，万俊人译，广西师范大学出版社 2013 年版。

[150] [美] 莫什·阿德勒:《我们的生活为何艰难——普通人的经济学》，陈小白译，华夏出版社 2013 年版。

[151] [美] 傅高义:《邓小平时代》，冯克利译，生活·读书·新知三联书店 2013 年版。

[152] [俄] B. И. 库济辛主编:《古希腊史》，甄修钰等译，内蒙古大学出版社 2013 年版。

[153] [印度] 阿马蒂亚·森:《伦理学与经济学》，王宇、王文玉译，商务印书馆 2014 年版。

[154] [英] 米克:《劳动价值学说的研究》，陈彪如译，商务

印书馆2014年版。

［155］李斌：《“向苏联老大哥学习”运动纪实》，东方出版社2014年版。

［156］［法］让·鲍德里亚：《消费社会》，刘成富、全志钢译，南京大学出版社2014年版。

［157］陈岱孙：《从古典经济学派到马克思——若干主要学说发展论略》，商务印书馆2014年版。

［158］［意］安东尼奥·葛兰西：《狱中札记》，曹雷雨、姜丽、张跣译，河南大学出版社2014年版。

［159］［美］戴维·哈维：《叛逆的城市——从城市权利到城市革命》，叶齐茂、倪晓晖译，商务印书馆2014年版。

［160］［意］多米尼克·洛苏尔多：《自由主义批判史》，王宏兴、张蓉译，商务印书馆2014年版。

［161］［法］雅克·勒高夫：《试谈另一个中世纪——西方的时间、劳动和文化》，周莽译，商务印书馆2014年版。

［162］吕途：《中国新工人：文化与命运》，法律出版社2015年版。

［163］钱乘旦：《西方那一块土：钱乘旦讲西方文化通论》，北京大学出版社2015年版。

［164］李仲生：《西方劳动经济学说史》，中国人事出版社2015年版。

［165］吴雅凌：《劳作与时日笺释》，华夏出版社2015年版。

［166］［英］安东尼·吉登斯、菲利普·萨顿：《社会学（第七版）》，赵旭东等译，北京大学出版社2015年版。

［167］［德］阿尔弗雷德·索恩-雷特尔：《脑力劳动与体力劳动：西方历史的认识论》，谢永康、侯振武译，南京大学出版社2015年版。

［168］［美］理查德·桑内特：《匠人》，李继宏译，上海译文出版社 2015 年版。

［169］林超超：《动员与效率：计划体制下的上海工业》，上海人民出版社 2016 年版。

［170］关怀、林嘉主编：《劳动与社会保障法学（第二版）》，法律出版社 2016 年版。

［171］［美］加里·贝克尔：《人力资本（原书第 3 版）》，陈耿宣等译，机械工业出版社 2016 年版。

［172］［美］赫伯特·西蒙：《人类活动中的理性》，胡怀国、冯科译，广西师范大学出版社 2016 年版。

［173］［美］杰瑞·穆勒：《市场与大师——西方思想如何看待资本主义》，佘晓成、芦画泽译，社会科学文献出版社 2016 年版。

［174］［美］C. 莱特·米尔斯：《白领：美国的中产阶级》，周晓虹译，南京大学出版社 2016 年版。

［175］［以］阿维纳瑞：《马克思的社会与政治思想》，张东辉译，知识产权出版社 2016 年版。

［176］［德］贡塔·托依布纳：《宪法的碎片：全球社会宪治》，陆宇峰译，中央编译出版社 2016 年版。

［177］［美］玛莎·C. 纳斯鲍姆：《寻求有尊严的生活——正义的能力理论》，田雷译，中国人民大学出版社 2016 年版。

［178］［美］弗兰克·奈特：《经济学的真理》，王去非、王文玉译，浙江大学出版社 2016 年版。

［179］［美］大卫·哈维：《资本社会的 17 个矛盾》，许瑞宋译，中信出版社 2016 年版。

［180］［美］约瑟夫·E. 斯蒂格利茨：《不平等的代价》，张子源译，机械工业出版社 2013 年版。

[181]［英］雷蒙·威廉斯：《关键词：文化与社会的词汇》，刘建基译，生活·读书·新知三联书店2016年版。

[182]［美］阿林·弗莫雷斯科：《妥协：政治与哲学的历史》，启蒙编译所译，上海社会科学院出版社2016年版。

[183]［德］沃尔夫冈·多伊普勒：《德国劳动法（第11版）》，王倩译，上海人民出版社2016年版。

[184]《黑格尔著作集》第7卷，邓安庆译，人民出版社2017年版。

[185]乔石：《乔石谈改革与发展》，人民出版社2017年版。

[186]吕途：《中国新工人：女工传记》，生活·读书·新知三联书店2017年版。

[187]［德］西格弗里德·克拉考尔：《雇员们：来自最新德国》，黎静译，北京大学出版社2017年版。

[188]［法］让-保罗·萨特：《什么是主体性?》，吴子枫译，上海人民出版社2017年版。

[189]［美］艾丽斯·M.杨：《正义与差异政治》，李诚予、刘靖子译，中国政法大学出版社2017年版。

[190]［意］保罗·维尔诺：《诸众的语法：当代生活方式的分析》，董必成译，商务印书馆2017年版。

[191]［德］黑格尔：《精神哲学——哲学全书·第三部分》，杨祖陶译，人民出版社2017年版。

[192]［美］理查德·桑内特：《新资本主义的文化》，李继宏译，上海译文出版社2017年版。

[193]［英］大卫·哈维：《资本的限度》，张寅译，中信出版社2017年版。

[194]［法］达尼-罗伯特·迪富尔：《西方的妄想：后资本时代的工作、休闲与爱情》，赵飒译，中信出版社2017年版。

［195］［美］约翰·E. 罗默：《分配正义论》，张晋华、吴萍译，社会科学文献出版社 2017 年版。

［196］［俄］鲍·布鲁兹库斯：《苏维埃俄国的计划经济》，李宏、王建民译，山东人民出版社 2018 年版。

［197］［美］理查德·奥尔森：《社会科学的兴起 1642—1792》，王凯宁译，科学出版社 2018 年版。

［198］［法］亨利·列斐伏尔：《日常生活批判》，叶齐茂、倪晓晖译，社会科学文献出版社 2018 年版。

［199］［英］罗伊·波特：《启蒙运动》，殷宏译，北京大学出版社 2018 年版。

［200］黄镇：《工时博弈——休息权的实现与限度》，法律出版社 2020 年版。

［201］姚建华：《数字劳动：理论前沿与在地经验》，江苏人民出版社 2021 年版。

［202］［德］沃尔夫冈·多伊普勒：《数字化与劳动法：互联网、劳动 4.0 和众包工作》，王建斌等译，中国政法大学出版社 2022 年版。

［203］吴鼎铭：《互联网时代的“数字劳动者”研究》，经济科学出版社 2022 年版。

（三）中文期刊

［1］游劝荣：《市场经济条件下公民权利及其保障几个问题探讨》，载《法律科学（西北政法学院学报）》1994 年第 3 期。

［2］段培君：《“人是万物的尺度”的文化阐释——兼论人本主义与理性主义的文化渊源》，载《社会科学战线》1995 年第 3 期。

［3］齐燕庆：《中国劳模现象的历史及其沿革》，载《理论前

沿》1996 年第 9 期。

［4］艾福成：《马克思关于人的类本质理论及其意义》，载《吉林大学社会科学学报》2000 年第 4 期。

［5］中国社会科学院经济研究所课题组：《关于深入研究社会主义劳动和劳动价值论的几个问题》，载《经济研究》2001 年第 12 期。

［6］常凯：《WTO、劳工标准与劳工权益保障》，载《中国社会科学》2002 年第 1 期。

［7］郑尚元：《社会法的存在与社会法理论探索》，载《法律科学（西北政法学院学报）》2003 年第 3 期。

［8］吕琳：《论“劳动者”主体界定之标准》，载《法商研究》2005 年第 3 期。

［9］侯玲玲、王全兴：《劳动法上劳动者概念之研究》，载《云南大学学报（法学版）》2006 年第 1 期。

［10］赖早兴：《监狱劳动合理化论纲》，载《法学评论》2007 年第 2 期。

［11］闻翔、周潇：《西方劳动过程理论与中国经验：一个批判性的述评》，载《中国社会科学》2007 年第 3 期。

［12］王锴：《论我国宪法上的劳动权与劳动义务》，载《法学家》2008 年第 4 期。

［13］《国外理论动态》记者：《体面劳动：当前国际劳工界关注的焦点——钱大东研究员访谈》，载《国外理论动态》2009 年第 5 期。

［14］谢增毅：《劳动关系的内涵及雇员和雇主身份之认定》，载《比较法研究》2009 年第 6 期。

［15］秦国荣：《劳动权的权利属性及其内涵》，载《环球法律评论》2010 年第 1 期。

［16］王旭：《劳动、政治承认与国家伦理——对我国〈宪法〉劳动权规范的一种阐释》，载《中国法学》2010 年第 3 期。

［17］征汉文：《再论公平分配应首先从第一次分配开始》，载《当代经济研究》2011 年第 1 期。

［18］李海明：《论劳动法上的劳动者》，载《清华法学》2011 年第 2 期。

［19］张盾：《“道德政治”谱系中的卢梭、康德、马克思》，载《中国社会科学》2011 年第 3 期。

［20］董保华：《“隐蔽雇佣关系”研究》，载《法商研究》2011 年第 5 期。

［21］张盾：《财产权批判的政治观念与历史方法》，载《哲学研究》2011 年第 8 期。

［22］周长征：《劳动法中的人——兼论“劳动者”原型的选择对劳动立法实施的影响》，载《现代法学》2012 年第 1 期。

［23］丁堡骏：《评萨缪尔森对劳动价值论的批判》，载《中国社会科学》2012 年第 2 期。

［24］黎建飞：《从雇佣契约到劳动契约的法理和制度变迁》，载《中国法学》2012 年第 3 期。

［25］孙云：《中共英模表彰制度的肇始及演变》，载《党的文献》2012 年第 3 期。

［26］林峰、王书成：《司法式立法及制度反思——以〈劳动合同法〉等法律的实施为分析样本》，载《法学》2012 年第 3 期。

［27］周长军、赵飞：《未决羁押者的劳动权保护：一个宪政维度的分析》，载《法律科学（西北政法大学学报）》2013 年第 1 期。

［28］郭志栋、邸敏学：《中国劳动报酬占国内生产总值比重偏低的成因及对策分析》，载《当代世界与社会主义》2013 年第

2 期。

[29] 谭倩、袁立：《基本权利的“制度性保障”及其问题——以公民劳动权为例的论证》，载《法制与社会发展》2013 年第 4 期。

[30] 邹砚：《从单一走向多元：〈劳动合同法〉主体模型的解析与重构》，载《现代法学》2013 年第 4 期。

[31] 叶姗：《劳动权利能力的三重限制》，载《环球法律评论》2013 年第 4 期。

[32] 唐正东：《历史唯物主义的方法论视角及学术意义——从对西方学界的几种社会批判理论的批判入手》，载《中国社会科学》2013 年第 5 期。

[33] 黄宗智：《重新认识中国劳动人民——劳动法规的历史演变与当前的非正规经济》，载《开放时代》2013 年第 5 期。

[34] 常凯：《劳动关系的集体化转型与政府劳工政策的完善》，载《中国社会科学》2013 年第 6 期。

[35] 汪和建：《尊严、交易转型与劳动组织治理：解读富士康》，载《中国社会科学》2014 年第 1 期。

[36] 王德志：《论我国宪法劳动权的理论建构》，载《中国法学》2014 年第 3 期。

[37] 沈建锋：《劳动争议中利益争议的范畴及处理》，载《法学》2015 年第 6 期。

[38] 张车伟、赵文：《中国劳动报酬份额问题——基于雇员经济与自雇经济的测算与分析》，载《中国社会科学》2015 年第 12 期。

[39] [美] 艾伦·伍德：《正义与阶级利益》，林进平、张娜译，载《国外理论动态》2016 年第 1 期。

[40] 董保华：《雇佣、劳动立法的历史考量与现实分析》，载

《法学》2016 年第 5 期。

[41] 郑丽珍：《劳动标准与贸易和投资协定挂钩的历史演进、当代特点与未来趋势》，载《现代法学》2016 年第 6 期。

[42] 苗小露：《对劳动解雇的正义批判及考量——论柯林斯劳动解雇中的正义思想及其价值》，载《国外社会科学》2017 年第 1 期。

[43] 谭金可：《论过度劳动的法律治理》，载《法商研究》2017 年第 3 期。

[44] 徐家林、孙莉：《计划与自由：哈耶克社会主义批判理论的再批判》，载《国外社会科学》2017 年第 3 期。

[45] 沈建峰：《劳动法作为特别私法：〈民法典〉制定背景下的劳动法定位》，载《中外法学》2017 年第 6 期。

[46] 王向贤：《承前启后：1929—1933 年间劳动法对现代母职和父职的建构》，载《社会学研究》2017 年第 6 期。

[47] 周嘉昕：《马克思对自由主义的批判——基于政治思想史和政治经济学批判的再思考》，载《国外理论动态》2018 年第 3 期。

[48] 李佃来：《阿伦特对马克思政治哲学的四个根本性误解》，载《学术月刊》2018 年第 8 期。

[49] 张盾：《历史唯物主义与近代西方政治哲学》，载《中国社会科学报》2018 年 8 月 14 日。

[50] 冯彦君：《劳动法上“合理”的多重意蕴及其应用》，载《中国法学》2018 年第 5 期。

[51] 涂永前：《应对灵活用工的劳动法制度重构》，载《中国法学》2018 年第 5 期。

[52] [美] 丹尼尔·罗杰斯：《新自由主义辨析与批判》，吴万伟译，载《国外理论动态》2018 年第 6 期。

［53］杨猛宗：《人工智能机器人劳动者主体身份的反思与应然转向》，载《政法论丛》2020 年第 6 期。

［54］班小辉：《超越劳动关系：平台经济下集体劳动权的扩张及路径》，载《法学》2020 年第 8 期。

［55］王全兴、石超：《新中国 70 年劳动法的回顾与思考》，载《求索》2020 年第 3 期

［56］罗建文：《论劳动过程中的劳动者主体性及其激活》，载《上海师范大学学报（哲学社会科学版）》2021 年第 4 期。

［57］钱叶芳：《劳动法典的制定与劳动权利的实现》，载《东方法学》2021 年第 6 期。

［58］程晓：《数字劳动者的主体性悖论》，载《思想理论教育》2022 年第 5 期。

［59］雷茜、刘正妙：《论劳动者“体面劳动、全面发展”的现实性和可能性》，载《湘潭大学学报（哲学社会科学版）》2023 年第 3 期。

［60］田思路、李帛霖：《雇主算法权力：法理构造、内涵特征与规制路径》，载《社会科学》2023 年第 1 期。

（四）外文书籍

［1］Arthur T. Geoghegan, *The Attitude Towards Labor in Early Christianity and Ancient Culture*, Washington, D.C.: The Catholic University of America Press, 1945.

［2］C. B. Macpherson, *The Political Theory of Possessive Individualism: Hobbes to Locke*, Oxford: Oxford University Press, 1983.

［3］Geoffrey England, *Part-time, Casual and Other Atypical Workers: A Legal View*, Kingston: Queens University Press, 1987.

［4］Kinglun Ngok, *The Formulation Process of the Labor Law of the*

Peoples Republic of China: A Garbage Can Model Analysis, Hong Kong: City University of Hong Kong Press, 1998.

[5] Wang Feiling, *From Family to Market: Labor Allocation in Contemporary China*, Lanham: Rowman & Littlefield Publisher, INC. 1998.

[6] Lonnie Golden and Deborah M. Figart, ed., *Working Time: International Trends, Theory and Policy Perspectives*, New York: Routledge, 2000.

[7] Bob Hepple, ed., *Social and Labour Rights in a Global Context: International and Comparative Perspectives*, Cambridge: Cambridge University Press, 2002.

[8] Daniel Cohen, *Our Modern Times: The New Nature of Capitalism in the Information Age*, translated by Susan Clay and Daniel Cohen, London: The MIT Press, 2003.

[9] Florian Butollo, *The End of Cheap Labour? Industrial Transformation and "Social Upgrading" in China*, Chicago: University of Chicago Press, 2014.

[10] Roland Paulsen, *Empty Labor: Idleness and Workplace Resistance*, Cambridge: Cambridge University Press, 2015.

[11] Getman, Julius G., *The Supreme Court on Unions: Why Labor Law is Failing American Workers*, London: ILR Press, an imprint of Cornell University Press, 2016.

（五）外文期刊

[1] Wilfried Vanhonacker, Entering China: An Unconventional Approach, *Harvard Business Review*, VOL. 75, 1997.

[2] Zhu Ying, Globalisation, Foreign Direct Investment and Their

Impact on Labour Relations and Regulation: The Case of China, *International of Journal Comparative Labour Law and Industrial Relations*, VOL. 16, NO. 1, 2000.

[3] Kinglun Ngok, The Development of the Labor Law of the Peoples Republic of China: A Comparison of Three Versions, *Chinese law & government*, NO. 1, 2000.

[4] Gu, Edward Xin, Forging a Labor Market in Urban China: The Legacies of the Past and the Dynamics of Institutional Transformation, *Asian Affairs*, VOL. 28, NO. 2, 2001.

后 记

劳动者保护是新时代劳动关系转型面临的紧迫问题。在以互联网技术为引领的经济发展中，如何既能促进经济发展，又能保护劳动者各项权利、维护劳动者主体地位？这值得深入思考。本书立足于马克思主义中国化，以劳动法律原理为切入点，结合劳动争议审判司法实践，对新形势下如何完善劳动法进而保护劳动者权利展开了研究。本书核心观点是：劳动立法的根本目标不是劳动力管理法，而是劳动者保护法，劳动立法与司法应将劳动与人类解放这个目标联系起来。劳动关系应当进一步突出劳动者的主体地位，应当对人类通过多种途径实现自身潜能起到平等的促进作用。

萨特曾说，一个人的生活计划是在童年时期形成的，因此对个体的研究必须回溯到童年时代及当时的各种关系。本书就是对出生于普通工人家庭的我的成长过程的一个总结。在编纂《劳动法典》的呼声渐起之际，有必要重申《费城宣言》确立的第一条基本原则：劳动不是商品。